清中期玉器

收藏与鉴赏

张兰香◎著

时代出版传媒股份有限公司
安徽美术出版社
全国百佳图书出版单位

图书在版编目（CIP）数据

清中期玉器收藏与鉴赏 / 张兰香著. —合肥 : 安徽美术出版社，2012.5

ISBN 978–7–5398–3616–4

Ⅰ.①清… Ⅱ.①张… Ⅲ.①古玉器–收藏–中国–清代②古玉器–鉴赏–中国–清代 Ⅳ.①G894②K876.84

中国版本图书馆CIP数据核字（2012）第085684号

清中期玉器收藏与鉴赏

张兰香◎著

安徽美术出版社

北京市十月印刷有限公司

全国新华书店发行

开本：787×1092毫米 1/16 印张：12

字数：60千字 印数：1–3000

2012年6月第1版 2012年6月第1次印刷

ISBN 978–7–5398–3616–4

定价：78.00元

自 序
ZI XU

　　中国玉器收藏的时代划分区域很强，只有很少的实力派收藏者可以做到通吃，一般都是有重点地按照时代特征进行收藏。从总体人数的划分来看，以收藏明清时期玉器的人数最多，中古玉（唐、宋、辽、金、元玉器）次之，而收藏三代高古玉（史前、夏、商、周玉器）的人数最少，原因在于玉器的制作年代越久远，所要表达的审美语言越有隔膜。就像我们现在读古文，一般文化水平的人阅读明清时期的古典小说没有太大的问题；阅读唐宋话本可能就会感到有些语言上的障碍；如果再上溯到汉赋、《诗经》《尚书》乃至甲骨文、金文，阅读起来就更加困难，甚至完全不知所云，原因在于我们没有在上古汉语和古文字专业下过工夫，这就是明清古典小说的普及程度要远远高于上古文献的主要原因。玉器收藏人群的分布状况也是这样，正是由于审美语言最接近、质地质量最完美、制作水平最精细，所以绝大多数收藏者兴趣都在明清，特别是清代中期这一时期内，涉足中古玉的人数相对稀少， 高古玉的收藏者微乎其微。因此，在对玉器的普遍特征研究的基础上，进一步梳理清中期玉器的收藏特征，对于指导各种实力收藏者的收藏行为，就显得尤其必要。

　　在我周围，有很多钟情甚至痴迷于清代玉器的收藏者，他们往往拿来藏品请我鉴定，基本上只围绕着一个焦点进行，就是想确认是不是清中期的藏品。从言谈话语中，我感到他们对清中期玉器概念的理解中存在着很多误区：比如误以为清中期玉器的玉质一定很好，而将玉质不好的中期作品降格为晚期或民国；也有的人以为清中期玉器的雕工都好，而把清晚期甚至民国时期的精品提升到了清中期。这些由于概念的混淆而带来的断代失误，对于初涉收藏的人来说是可以容忍的，但是对于具有一定藏品规模和收藏实力的人来说，则是致命的。在错误概念的指导下，藏品整体质量的逆向倾斜最终会导致收藏、投资不同程度的失败，更重要的是放弃或错过某种收藏机遇。

玉器的鉴定一定要在"实"与"虚"有机结合的前提下进行，所谓"实"，就是对藏品进行实物特征的判断，通过对刀法、纹饰、材质、沁色等现实存在进行客观的观察，归纳出感性上的判断依据，这种直观的目鉴，也是广大收藏爱好者孜孜以求的鉴定技术。当代的瓷、玉鉴定技术与 20 世纪相比，有了质的飞跃，除了不断推出的精密鉴定仪器可以利用外，许多鉴定者还懂得了从历史的着眼点上分析、推断藏品存在的合理性，而不再是简单地通过实物表象来进行真伪或断代判断，这是鉴定中"虚"的一面，也是理性分析的一面。如果能从制作时代的历史还原来审视藏品，就可以使许多目鉴中的盲点都能在这一环节中得到清晰的展示。比如我们对于清中期玉器的认识，如果不了解清高宗乾隆皇帝对玉器纹样由提倡到厌恶的历史全过程，就难以从看似繁缛精细的设计中，区别出真正的乾隆工；同样，也很难把痕都斯坦玉器与扬州仿痕玉器加以区别。所以，对于炙手可热的清中期玉器，虚、实两种鉴定都是必不可少的正确途径，偏废了任何一个方面，都不是完整的鉴定技术，都有可能使既有的鉴定技术出现盲区，这也是我一生从事古玉器鉴定的切肤感受。

在好友王大鸣先生的建议下，我写了这本关于清中期玉器收藏特征研究的专题论述，以切合大众收藏玉器的实际等级为轴心，结合我多年从事明清玉器鉴定的心得，从 10 个方面对这一时期的玉器收藏特征作了概括性的介绍，希望能为我周围及更多收藏清中期玉器的朋友提供具有实用价值的文字帮助。

张兰香 2011 年岁杪于沪上

目 录

乾隆时期与清中期
的断代意义

清代玉器的特点

　　清代玉器是中国玉器史上的一座巅峰，也是古代玉器制作的最后辉煌。由于清代玉器制作的精细程度在总体上超过了遥远的另一高峰期——战国，而且纹饰、造型中所寄寓的美学意义，基本上仍然适合于之后各时期的主流审美，所以从对各历史时期古玉收藏的理解与兴趣两方面人数比例进行大概的归纳，可以发现清代、民国时期的收藏特征是以藏品上带有各种沁色三代古玉为最高境界，而以佩戴清中期制作的所谓"乾隆工"和阗玉佩件为时尚；到了现代，尤其是近十余年来，由于三代古玉纹饰、刀工高古，玉质缺少精美油润的和阗玉，所以在佩戴观念与文化观念上发生了巨大的变化。这与现代收藏者的文化修养形成了深刻而鲜明的历史隔膜，现代所形成的古玉收藏趋势是，收藏重器三代古玉问津者罕见，斥重金购藏清代玉器者趋之若鹜。这种收藏大趋势折射出，中国现代文化对中国古代玉文化在传承过程中挑剔、选择的大轮回。我们既不能简单地以是非盖论当今收藏，也不能轻率地把市场的冷暖作为臧否古代玉器的唯一标准。清代玉器已经毫无争议地成为当今古玉收藏的重镇，对其收藏理念的实践阐述，就应该从一些司空见惯的蕴含中，发掘出与鉴定特征并行不悖的收藏特征。与鉴定特征不同的是，清中期收藏特征的研究重点在于，通过对特定时代即"清中期"、"清乾隆"，"乾隆工"这3个时期玉器存世影响与传承能力的判断，及其所承载的社会美学价值与自身价值价格产生相对科学的评估，进而为古玉收藏者在收藏的实际操作中提供参考指标。

在收藏界的惯称中，往往将"清中期"与"清乾隆"、"乾隆工"混为一谈。严格地讲，这三种称谓各有所指的时间、范围和内涵，概念有交叉的部分，但并不能完全重合。下面我们来看一下这3个时期的划分。

清中期涵盖的年代

如果说清代玉器所形成的是中国玉器制造史上的最后一座巅峰，那么，这个时代的最高海拔应该出现在杨先生文中所归纳的乾隆二十五年（1760年）至嘉庆四年（1799年）之间。在这段时间里，玉器的设计、制作已经完成了康、雍以及乾隆早期由粗放向细腻过渡的蜕变，形成了与之前各历史时期有所不同的设计特征与工艺特征，这就是"清中期"概念中的玉器作品。在实际收藏过程中，玉器断代中的"清中期"，是指清代乾隆二十五年（1760年）至嘉庆早期这一历史时段，其中不包括乾隆早期的25年，与清史学中的"中期"划分有所不同。

○ 清中期 青玉雕菊蟹摆件

🔖 清乾隆涵盖的年代

"清乾隆"在收藏界中的时间指向，是专指乾隆后期的玉器作品，其中不包括乾隆早期和嘉庆早期的作品，大概应属于"清中期"下的子概念。

🔖 "乾隆工"的特点

在清代玉器的收藏过程中，一般都将具有明显设计、工艺特征的玉器称为"乾隆时期"的作品，也有时简称为"乾隆工"。乾隆一朝的玉器制作，按照杨伯达先生的研究，可以分为前后两期，杨先生在《清乾隆帝玉器观初探》一文中有过这样的论述：

笔者在《清代宫廷玉器》一文中，曾以乾隆二十五年为界，将乾隆时代的宫廷玉器分为前、后两个时期。乾隆前期正是清代宫廷玉器缓慢成长的时期。此时，乾隆帝命如意馆、苏州织造琢制仿古玉和时作玉，因数量有限，对苏州专诸巷玉肆的实际影响不会太大。乾隆后期则有所不同，其时正值清代宫廷玉器繁荣时期，从乾隆二十五年至嘉庆四年（1799 年），实际只有 38 年时间，如果联系到他的影响所及，至嘉庆二十五年也只不过 60 年，但其影响却不可低估。到了道光年间（1821 年—1850 年），其影响才逐渐衰弱，但留下了一个为人顶礼膜拜的"乾隆模式"——乾隆工。

此外，"乾隆工"还归入到玉器制作的工艺标准中，乾隆后期玉器制作在刀法、棱角、镂雕、深浅浮雕、铲地、光工等各方面，都形成了鲜明的成品模式，成为嘉、道之后的最高玉制作标准，所以对于乾隆中期及其以后的清代玉器，凡是符合这种标准的，都可以称为"乾隆工"。"乾隆工"可以分为两种：一是真正的乾、嘉皇帝的御用玉器，由宫廷内的造办处玉作与宫廷外的定点单位琢制；二是民间的商品玉器中各种工艺细腻，体现清代乾隆时期玉器制作风格的作品。这类传世作品的收藏特征是与御用玉器的琢制特征相仿，尤其在诸如镂雕孔的立面、剔地阳雕的折角等细微处，都能做到规范处理，干净利落，只是玉质多不如真正的御用玉器。在收藏过程中，通过玉质来判断一件雕工上佳的玉器，也不失为一种行之有效的方法。

现在有些治玉高手仿清中期玉器可达七八成，这种水平的玉件我们称之为"仿乾隆工"，同样是很值得收藏和把玩的藏品。

○ 清中期 白玉透雕猴攀桃镇尺

○ 清中期 籽料白玉佩

　　玉器不像瓷器那样普遍带有年款，我们对绝大多数古代玉器的断代都要凭借着被鉴定器本身所传递出的玉质、纹饰、刀法、工艺等信息进行，即使毕生从事玉器鉴定的人也有可能出现纰漏。对于更多的非专业收藏者来说，很容易将清代玉质、雕工、造型均好的玉器认为是"清中期"、"清乾隆"或"乾隆工"，而将制作粗劣的作品划归到清晚期或民国。其实，即使是乾隆后期的玉器，也有精粗、优劣之分，而清代晚期譬如道、咸时期，乃至民国时期，同样有很精美的"乾隆工"传世，其中存在着比较细微的区别，需要收藏者仔细审定。完成清代中、晚期玉器的断代，是一项长期而复杂，同时又具有无穷乐趣的工作，能够在这个阶段有所心得的人，就可以独立于玉器收藏之林了。

白玉御赐功臣封爵铭牌

BAIYU YUCI GONGCHEN FENGJUE MINGPAI

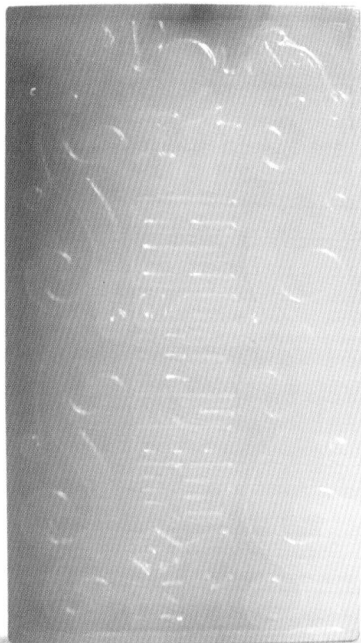

○ 规格：5cm×3cm×0.6cm
○ 估价：80万元

这件玉牌的用料是纯正的和阗玉籽料。新疆和阗玉料大致可以分为三种：一是籽料，在河水中经历了漫长的冲洗浸泡后所形成的卵石状玉料，这种玉料最突出的表现是质地油润度高，颜色纯正，手感细腻细糯；二是山料，在矿带上开采下来的玉料，这种玉料的表现是油润程度的差别很大，也很明显，上佳者在视觉上接近籽料，而普通山料的质量差距就很大了；第三种是居于籽料与山料之间的一种玉料，它有与籽料

清中期玉器
收藏与鉴赏

一样经过长时间溪水浸泡的经历，但是时间不如籽料长，这种玉料称为"山流水"料。在一般玉器的收藏中，山流水料好像很少听说。其实并不是真的少见，而是由于分类边缘的不清晰，将上好山流水料划归到籽料中。山流水料的特点是通透性强，在含蓄方面逊于籽料，而油润度则高于山料。

这三种和阗玉材料的特征区隔边缘有时比较模糊，对于有经验的专家来说，辨识并不费力；但是对于一般收藏者来说，这是一个相当重要的基本功，原因很简单，这三种玉料的交易价位相距悬殊，很少有人能用山料的价格买到籽料，多数是花籽料的钱买山料或俄料。

清代玉牌子的图案有各种类型：山水、人物、花卉、草虫等，一般都是一面画、一面诗。这块清代"御赐功臣封爵铭牌"牌子，笔者觉得身价不凡，是出身宫廷赏赐的玉牌，社会流传甚少，供同好共赏。

这块玉牌长方形，材料是新疆和阗一级白玉，莹白滋润，正面雕有双龙戏珠的剔地阳雕纹，两条香草龙在一颗火焰珠左右面对面昂首对峙。龙身修长柔韧，尾巴分叉翻卷。火焰珠下面是五个小篆"功臣封爵铭"，字迹工整有金石力度，体现出宫廷赏赐器的霸气，让人一目了然。牌子四周起线有边框。背面门头上的纹饰是饕餮纹，尾巴高挑，橄榄形的眼珠炯炯有神，俯视着下方的文字，鼻子很大，双翼向左张，伸展形成蝙蝠形，体现出皇家不可一世的威严。兽面纹下起线边框内四行四排十六个字"使河如带，泰山若厉；国以永盛，爰及苗裔"。从字面上分析，这块玉牌是乾隆皇帝赏赐给封疆大臣的赐品，其宫廷制作的出身不容置疑。

○ 白玉御赐功臣封爵铭牌（细部）

在流传于世的玉牌子中，多数是反映社会世俗文化的，如"玉堂富贵"、"百事如意"、"花好月圆"，这种牌子除了玉料好外，一般材料的玉牌交易价格不会很高，而且凡是有吉祥语言的玉牌，一般都是清中期以后的制品。除此以外，占有高端交易价位的是白玉子冈牌，一面图画、一面诗文，尤其是清中期的子冈牌，其价格都在吉祥玉牌子之上。而主图所展示的这块"功臣封爵铭"牌子是比较罕见的宫廷御赐牌，受赏赐者的身份一定是一位功勋显赫的封疆大吏，所以这块牌子的历史价值和艺术价值都不是一块上好和阗玉子冈牌所能比的。目前的市场价大约在80万。

○ 白玉御赐功臣封爵铭牌印文

○ 白玉御赐功臣封爵铭牌印文

白玉鸳鸯纸镇

BAIYU YUANYANG ZHIZHEN

○ 名称：清中期 白玉鸳鸯纸镇
○ 估价：20万元

这是件糯性非常好的和阗籽料，器身的边缘处还略带有褐红色的皮子痕迹，整个雕件形状呈扁平的卵状，盈握在手，正好是男士一把抓的大小规格。现在这种尺寸的玉器手把件非常符合中国香港、台湾地区收藏者的审美观，大多数港台人士闲暇之际，喜欢拿出大小适当的老玉器把玩。太小的不过瘾；过大的握不住，这种可以盈握尺寸的把件是最受欢迎的。一把抓在手上，还可以起到按摩穴位的作用，所以"一把抓"在香港、台湾地区最为抢手。

这件作品是典型的乾隆工艺，鸳鸯的羽毛有三种纹饰的修饰：腹部是鱼鳞纹、背部是松叶纹、下腹是由多条阴刻细线组合的两组羽毛纹，排列的层次达五层之多，却没有繁缛重复的感觉。为了突出玉的天生丽质，鸳鸯的前胸至脖颈没有任何纹饰修饰，呈"S"形弯曲，口衔莲花，眼珠是圆孔钻磨制的圆珠眼，眼眶被雕饰成双眼皮。两只鸳鸯的口里尽管衔着莲花，但面颊紧贴无间，充满了甜情柔意。

白玉龙首带钩

BAIYU LONGSHOU DAIGOU

○ 名称：清中期 白玉龙首带钩
○ 估价：10 万元

判断一件玉器的优劣，可以从两个方面着眼：一是玉质，二是雕工。这两个方面有时又像鱼与熊掌一样不可兼得，当玉质到了相当精美而没有任何瑕疵的时候，在造型设计时就会以保料为主，尽量保证雕制成品后的重量接近原材料的重量。更多的时候，为了充分展示材质的优势，在成品的表面留有大块面的素地，最后施以精湛的光工，打磨出清中期宫廷玉器特有的蜡样柔光，厚实油润而精光内敛。这样的素器在清中期具有宫廷身份的玉器中较多，而民间商品玉器由于材质不济，所见不多。最著名的就是清中期的无饰牌，除了门头有工以外，通体不着一刀、不雕一线，光板打磨后地子极其平整，出蜡光。整块玉牌子在放大镜下不见丝毫瑕疵，这样的玉器尽管没有雕工，也属于极精的藏品，不是一般商品玉器可比。一块好玉，如果出现了斑点、绺裂、玉性等材质上的瑕疵，就决不能设计成素器，必须施以雕工，将瑕疵通过各种工艺剔、剜、巧雕或隐藏起来，这就是好料上面有工的原因之一。当然，也不能排除好料配好工的完美设计，但是很少见到用好料施展深浮雕或镂雕工艺。

这件白玉龙首带钩就是一件非常精美的清中期玉器。首先看玉质，带钩的玉质白中稍微闪青，油脂感强烈，糯性彰显，是典型的新疆和阗籽料中的上品。正因为如此，所以将钩体设计成素面，打磨出清中期特有的光泽。需要说明的是，这种蜡样柔光在后代没有仿制成功的先例。与钩体形成强烈对比的是龙形钩首，雕工极其细腻传神，龙的眼珠、牙齿以及面部肌肉等每个细节都生动而精确。龙须、龙鬣用阴阳线挤出，根根见肉，经过光工的磨制，显示出骨含肉中的那种绵里裹针，不是清中期宫廷出身的玉器，绝对达不到这种效果。

○ 白玉龙首带钩（细部）

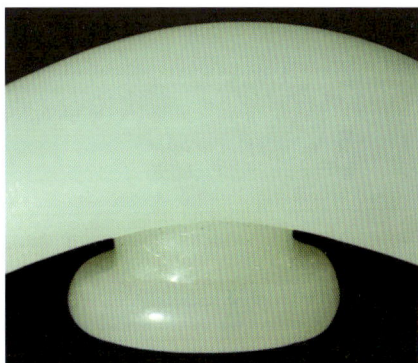

○ 白玉龙首带钩（细部）

白玉龙纹牌

○ 名称：清中期 白玉龙纹牌
○ 估价：15 万元

清代的玉牌饰是从明代的子冈牌发展而来的，是清代中期以后直到现在最受收藏家喜爱的一种玉器。明代著名玉雕匠人陆子冈率先把佩挂在腰间的玉牌融入文人的创作因素，开创了一面画、一面字的新样式，俗称"子冈牌"。明末以来，"子冈牌"一直受到文人的追捧，仿制者从来没有间断对子冈牌的仿制。清代乾隆朝是中国玉器的巅峰时期，对此前的任何一种传统玉器样式都有极高水平的仿制，收藏界称这一时期的做工为"乾隆工"，代表了玉制作的最高水平。

乾隆时期的玉牌子有两种：一种是仿明代的子冈牌，表现形式在于完全采用剔地阳雕，即线条是凸出的，将多余的地子铲除，这种牌子多呈长方形，存世数量较多。由于是剔地，所以在加工时修饰的余地很大，一

般表现为线条较细，但是相对显得孱弱一些，就是由于不断由粗向细的加工结果；另一种是玉牌，造型多是圆形或椭圆形，在纹饰表现手法上，既有剔地阳雕，又有单阴线，而单阴线的作品传世品较少。这件清代中期的白玉龙纹牌的加工手段，就是纯以单阴线雕琢的。

纯粹的单阴线雕琢方法具有极高的难度要求，因为画面上只有细细的线条，所以要求下刀（砣轮）和运动位置必须准确无误，稍有任何一丝的不准确，就会造成设计图案的变形，导致整个加工失败。同时，每一条细

○ 白玉龙首带钩（细部）

○ 白玉龙首带钩（细部）

细的单阴线在整个加工过程中都不允许使用复刀修整，每一条线都必须一次性完成。而且，由于琢玉工艺的落后，任何一条线都不是一气呵成，都要经过若干次接刀过程，高水平的雕工表现在接刀处不留痕迹，这种技术的难度数倍于剔地阴阳雕。在观察一件玉器时，往往最简单的工艺，其实所蕴含的技术往往难度最大。这件玉牌子的单阴线线条所表现出的张力，基本上接近了战国时期的单阴线水平，同时走向精准，每一条线都有很清晰的交代，这就是典型乾隆工。

这件玉牌子的纹饰是一条仿战国造型的龙纹，用比较抽象的单线白描手法塑造。在明清玉器中，一般出现螭龙纹，这样的仿战国龙纹比较少见。

这件牌子的玉质很好，属于新疆和阗玉中的籽料，表现为质地白通透，油性外溢。同时，在牌子的表面，尚留有浅红色的玉皮痕迹。历来雕玉有这样一条规律："无绺不插花"，就是说，凡是用来掩盖玉质的瑕疵（绺裂、斑点等），表面的雕工越简单，留白面积越大，越能显示玉质的上佳。这件牌子除了细阴线外，没有任何赐地设计，就是对玉质的充分肯定与自信。

这件牌子最显著的乾隆工特征就是表面打磨效果。乾隆时期的玉器最讲究打磨，将玉器的表面打磨出腊样的效果，好像用蜡封住一样，这是最为独特的，即使现在仿制技术相对发达，仍然不能复制出这种效果。

这件玉牌子无论从纹饰、质地、线条，还是从打磨效果来看，都具有相当的品位，同时由于比较少见，所以，是一件很好的藏品。

清中期玉雕工艺的特征

玉器雕工的特征

在大部分非专业的清代玉器收藏者看来，凡是具有清代特征的、琢制精美细致的玉器，都应该是清中期或乾隆时期的作品；而把那些制作比较粗糙的玉器基本上都划归到清晚期或民国时期。在这种观点支持下所收藏的清代玉器，一定会出现断代上的混乱，以至于用清中期玉器的高价购藏非清中期玉器。

清中期玉器是整个玉器制造史上的巅峰，这是毋庸置疑的，但是，从对具有清中期治玉特征的玉器观察结果来看，清中期玉器的确存在着两种不同的质量：一种是清廷的御用玉器。这种玉器的制作来源主要是北京清宫养心殿造办处玉作和如意馆、苏州专诸巷以及江宁、杭州、扬州、长芦等地的织造玉作，所贡御用玉器其实就相当于瓷器中的官窑，质量上乘，代表了清中期玉器制作的最高水平；另一种是御用器之外的商品玉器，这种商品玉器的工艺质量良莠不齐，我们在对民间收藏的具有比较鲜明清中期琢玉特征的作品的观察中，发现了相当数量的做工一般乃至粗糙的玉件。这些玉件从所施用的刀法、光工以及局部处理的习惯动作上看，应该排除是乾隆早期或嘉庆晚期之外的作品，这就是说，清代玉器的断代依据，不能仅依靠玉器所表现出的精细程度，更为重要的是要以玉器表面的工艺特征作为断代标准。

劣质玉器雕工出现的原因

在乾隆时期，由于新疆和阗玉玉材内运的渠道通畅，每年

○ 清中期 白玉三联环挂件

分春秋两季由和阗向朝廷贡玉 2000 千克，虽然朝廷曾明令禁止民间私自采运，但是不能产生明显的法律效力，仍有大量的和阗玉运至内地，导致了和阗玉市场经济的空前繁荣。为了满足市场的商业需求，各地玉作坊加快制作速度，这就直接导致成品玉器质量的迅速下降，甚至出现许多粗制滥造的玉件流传。这路藏品在民间蛰伏的数量很大，有不少长期被视为清晚期或民国时期的作品而受到轻视，至今不能得到正本清源。如果说逛古玩店有"漏"可捡的话，那么这应该就是其中的一种比较好捡的"漏"。

其实，即使是乾隆的宫廷御用玉器，也同样存在着制作粗粝的问题，只是"粗粝"与"精细"的标准不同，认识的程度也不尽相同。我们今天所见故宫藏清代玉器，几乎都是精美绝伦的重器，找不到任何琢制上的瑕疵。但是对于见多识广的乾隆皇帝来说，就会有不少不入法眼的玉件被拒之门外，这在乾隆的《清高宗御制诗》中多有论述。乾隆《咏和阗绿玉龙尾觥》诗的原注中有这样的文字：

今之玉工多欲速争出新样，制器俗而工弗细，盖因玉来者多，因求速售，是亦玉之一厄矣。

原注文一语道破了在玉器史上巅峰时期出现滥造玉器"工弗细"的原因，是"因玉来者多，因求速售"的市场行为所致。

现在民间流传的，具有鲜明清中期工艺特征的，较低档次的玉器中，制作粗粝是很常见的品质，与大型拍卖会所展示的清中期或乾隆后期的精美玉器完全判若泾渭，譬如一些装饰衣帽用的玉花片，制作水平就表现得参差不齐：玉质好的工细；玉质差的工粗，大概这是由于佩戴着的身份、市场交易价格的差异所决定的。而一些纯粹的把玩器或佩饰，做

○ 清中期 白玉带子上朝佩

○ 清中期 白玉雕螭纹鸡心佩

工的精粗与玉质的优劣也存在着某些明显的联系。

优质玉器雕工的标准

可以这样认识清中期的玉器制作质量：最好的是御制器或进贡器，尽管乾隆皇帝仍然可以指责出其中的美中不足，可是对我们一般收藏者来说，这类玉器已经是无可挑剔的绝精藏品，如果没有特殊的机缘，一般收藏者很难收藏到；在民间收藏交易中，凡是制作工艺细致入微的精品（清中期的无饰牌即使没有雕工，也具有高超的光工），基本上都出现在高档次的和阗玉之上，常见的玉质有羊脂白玉、籽料白玉（接近羊脂玉）、鸡油黄玉和质地纯净的碧玉。质地优异的玉器即使是在民间进行商品交易，其价位也一定是昂贵的，不可能出现物美价廉的例外，属于民间藏玉中的精品，存世量较少。

需要注意的是，在"清中期"标志下的藏品中，往往混杂着非清中期的高质量玉器，这类玉器的玉质同样上乘，只是纹饰设计、工艺琢制等方面与清中期存在着不太明显的区别。譬如用清晚期的标准器与清中期标准器并案对比，可以发现两者存在区别但不明显，收藏者应该注意细节上的区别。相对而言，清中期玉器中的普品仍然比较多见，收藏特征主要是不符合一般概念中"清中期"的"形象"，多归为清晚期或民国。这类玉器的特点是玉材质量一般，工艺制作未必精细，甚至粗砺，应该是清代中期市场上的常见普通佩饰品，流传至今，其交易价格也不高，可以作为一个有价值的清中期工艺标本研究收藏。

白玉瓜瓞绵绵花插
BAIYU GUADIE MIANMIAN HUACHA

○ 名称：清中期 白玉瓜瓞绵绵花插
○ 规格：6.5cm×3.5cm
○ 估价：20 万元

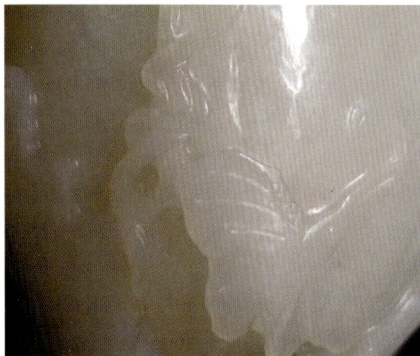
○ 白玉瓜瓞绵绵花插（细部）

○ 白玉瓜瓞绵绵花插（细部）

玉花插是明清玉器中比较常见的一种器型，经常被陈设装饰在有钱人家的闺房或寝室，所以多是用上好的和阗玉琢制，属于比较名贵的玉器品种之一，在传世品和出土器物中都常见。

这件玉花插的材质是和阗白玉，温润而泽，口沿是卷边海棠口，腹部有六个棱面的瓜棱造型。底部被设计成枝杈相绕，叠重交叉的多点支撑造型，紧贴腹部瓜棱的是几枝叶蔓，松散蜿蜒盘旋而上，叶面刻有"米"字形的细刻阴线纹，上有藤蔓盘旋出戟，富有动感，与此对称的是紧贴底部的大叶片。两边卷叶翻转，叶中有叶脉呈现，非常写实，细刻的叶脉纹阴线也是错落有致，各不相同。另一面在一片硕大的叶面上，一根藤蔓两面分叉，造型各异，在动静的变化中，流露出安详而端庄的大家仪态。右下方设计有一只蝴蝶展翅昂首挺立，蝴蝶的翅膀薄如蝉翼，有几条线琢出质感，蝶翅的上部边缘用网格状纹饰来修饰，既显得工艺精细，又不入俗套。头部是小三角形的两根触角，向上伸展，然后重叠交叉，又向同一方向展开，展翅欲飞之感油然而生。

这件玉花插的玉质上乘，白而细腻。膛口掏得很薄，显然受到了痕都斯坦玉器的影响，是我国传统玉器制作与痕都斯坦制玉风格相结合的作品。这种带有痕玉特点的玉器的器壁带有一定的厚度，不像痕玉那样菲薄。带有一定的厚度主要是为了显示出和阗玉油润与半通透的质地优势，多出自苏州专诸巷。花茶的底子光滑不硌手，大小正好可以握在手中，也属于把玩件的"一把抓"。这种器型比较大气，属于比较少见的内室陈设精品，来源是美国 JJ LALLY 东方古玩艺术品公司。2009 年的市场价格是 7 万元。现在的基本价格应不低于 20 万。

白玉龙虎凤牌

BAIYU LONGHUFENG PAI

在乾隆时期的玉牌子中，雕有龙凤纹的图案比较多，这件玉牌子上除了龙凤纹，还有虎纹，这是很少见到的组合纹饰。

龙虎凤玉牌使用的是新疆和阗籽料，玉色不是十分纯白，但油性很好，也很糯，牌子的门头是大如意卷云纹，六朵祥云横空出世，一条赤龙俯身下视高挂空中。下面是一只凤凰展翅的图案，中间的纹饰祥云缭绕，整个画面气势宏大。龙身腾云驾雾在其中，除龙头之外，只有下肢尾巴分叉可见。背面是一条苍龙高高在上，与下面的一只老虎形成龙虎对，龙的眼、鼻在下部，三角头型，猫耳，后面"叶"形纹饰和网格纹相间，表示其飞龙的双翼，周围别具匠心的是一片空白，在龙虎对视的环境下，适当地安排了全无一物的静谧天空。下面的老虎有呈橄榄形的眼睛，猫耳，身上有梅花纹和胎地纹饰。四肢粗壮有力，前肢伏地，后肢蹬起，尾巴非常有力地甩出，力度很大。老虎的衬景是起伏连绵的山脉，既有神话又有写实，特别是中间同样留下了空间。

○ 名称：清中期 白玉龙虎凤牌
○ 估价：20 万元

白玉麻姑献寿摆件

BAIYU MAGU XIANSHOU BAIJIAN

这件麻姑献寿摆件是用和阗白玉制成，玉质结构紧密，白中闪青，油脂性很强。平心而论，这件玉雕从材料上看，不是很有特点的上品材质，之所以能有 80 万元的市场估价，主要来自于作品的雕工工艺。这件作品绝对属于大工作品的典型，有着强烈的时代工艺特征，从造型设计到圆雕奏刀，再到光工研磨，没有一处制作工艺上的瑕疵，是一件很难得的精品，正符合了"好工未必好料"的规律。

雕件的人物雕刻形象生动，栩栩如生，手握灵芝在胸，灵芝的枝干虬曲有致、转折自然，工匠特别精心设计了树疤的工艺呈现，这是大中有小、粗中有细的点睛之处。树干上一共缀着五个灵芝，顶上的是一对并蒂灵芝，相互依偎，形态自然逼真，另外三朵灵芝也是错落开合有度，造型各异，无一雷同。

麻姑的面部表情肃穆、安详，双眉高挑，凤眼含笑，眉目传情，鼻子是楔形鼻，鼻端较宽，鼻梁狭窄，嘴巴微张，双唇凸出略鼓，两腮圆润。面相宁静、安逸，给人以静谧止水的安静祥和的感觉。麻姑头上梳了两个发髻，上面部分是盘线螺形的，左右对称，用细工刻画，一丝一扣，缕析不乱。一只衣袖拂起，衣褶层层，两面相对，好像一片秋叶形。背上有一飘带垂直前身，呈弧形直泻。衣袖有上下两层，卷云边形装饰，有层次感、立体感之美。腰上有一带环绕，显得优美生动。下面的裙衫起伏自然，增大了制作的难度。

麻姑的背部有多处受沁，洒落着褐红色的斑点。

这件麻姑献寿摆件不是一件一眼望去勾人魂魄的藏品，但是耐看，里面饱含把玩不尽的味道，常看常新，这才是真正清中期玉器工艺的精髓所在，是大匠的大手笔。目前的市场价格应在 80 万左右。

○ 名称：清中期 白玉麻姑献寿摆件
○ 估价：80 万元

白玉牡丹花卉牌

BAIYU MUDAN HUAHUI PAI

玉牌子在乾隆时期大多数是长方形、正方形或腰圆形，这块玉牌子是海棠造型，比较少见。这块白玉牡丹花卉牌的材质是新疆和阗籽料，色泽莹白，质地细糯润泽，有很明显的油脂感觉，可以断定为新疆和阗的一级白玉籽料。

玉牌子的上端雕有一个大的如意云头，左右两旁有勾云纹作为辅纹，表示如意当头。穿口下面是浅刻阴线斜直线纹，然后以阳雕平地起双线，勾勒出海棠形边框，设计造型大气。

玉牌的主题纹饰是牡丹，采用的是浅浮雕的艺术装饰手法，具有比较高的技术难度，在玉器的纹饰雕琢中，以阴刻线最为简单，只是用砣轮沿着事先设计好的纹饰线琢出宽度不等的线条，即成纹饰。在新时期石器晚期的良渚文化与红山文化的玉器刀法上，就有粗细阴线与减地平凸两种刀法同时并用的工艺现象，所谓"减地平凸"，就是用斜刀铲低纹饰线以外的地子，使纹饰带有立体的效果。减地平凸只是铲低靠近纹饰线的地子，

如果将纹饰以外的所有地子均铲低，就属于浮雕的工艺了。这件白玉牡丹花卉牌是将图案以外的所有地子统一铲成一个低而浅的平面，这就是浅浮雕。浅浮雕处理的技术难度很高，要求地子面要平整，没有光的折射，靠近起墙的根部同样要打磨得与大面光洁度相等。这是清中期乾隆工的技术标准。非乾隆工的地子往往打磨出波浪纹，在光线的折射作用下，非常明显。我们可以据此考量一块浅浮雕玉器是否为乾隆工。

这块玉牌地子非常平整，没有波浪纹，牡丹花摇曳怒放，枝叶错落有致，假山造型婀娜多姿，与主题纹饰牡丹形成宾主揖让的布局，很具画意匠心，说明这件玉牌的设计者是一位通晓画理的人，或者就是一位画家。玉牌的下端仍然是以大如意头和斜直线纹呼应门头纹饰。后面的书法被设计成印章形式，左行直念，两排四字篆体："玉堂富贵"。同样是双线开框，字体工整，书法气息浓郁，让人赏心悦目。

○ 名称：清中期 白玉牡丹花卉牌
○ 规格：6.5cm×4cm
○ 估价：25万元

白玉兽钮印

玉质印章最早的要算红山文化时期的两件出土品，尽管印面所表达的意义现在还不能清晰地了解，作为一种玉质印章的最早形式，已经被已故著名红山文化学者孙守道先生固定了下来。之后所见玉印比较多的是战、汉时期，尤以汉代的玉印最为著名，出土的帝、后及诸侯玉印，说明了玉印使用者的身份高贵，绝非一般青铜铸印所能相比。战、汉直至明清以前的玉印，都是沿袭汉代铸印的基本钮式，朴实而简单，常见的有覆斗钮、瓦钮与桥钮，明代的变化也不十分明显。到了清代，尤其是清中期，将玉器的各种雕法比如镂雕、圆雕、浮雕倾囊施用出来以装饰印钮，这是清代玉印与其他朝代的最为鲜明的区别。收藏清代玉印，主要收藏两个方面：一是玉质；二是印钮。其中，玉质是最重要、最基本的，不是好的和阗籽料，再好的雕钮也不会提升玉印的收藏价值。

在清代，玉印早已不再是社会地位的象征，很多人都用玉琢刻名章，这一时期的玉印特点之一就是名章多、斋号章多、闲章少。这时玉印的

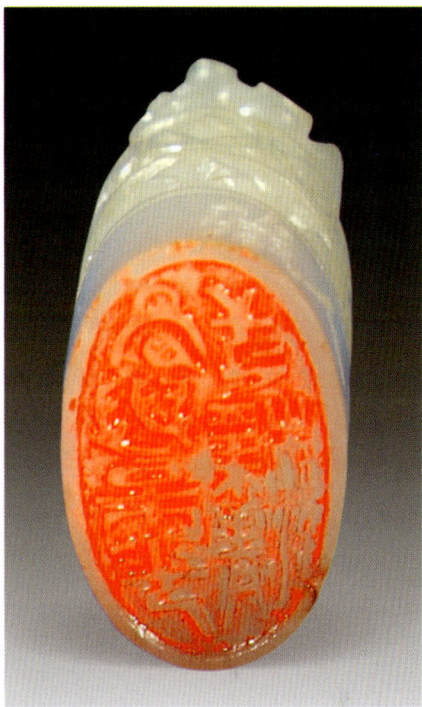

基本造型有正方形、长方形、圆柱形，也有数量很少的随形章。印钮多见圆雕、镂雕的龙、蟠虎、瑞兽等。为了张扬雕工设计，有不少玉印的印钮很大，一般是印柱的1/3，有些更夸张的甚至高度超过了印柱，这在其他朝代的玉印中是没有的，民国时期的玉印仍有沿袭。

这件玉章的印钮是头上毛发飘拂的瑞兽，双目炯炯有神，兽嘴微张。

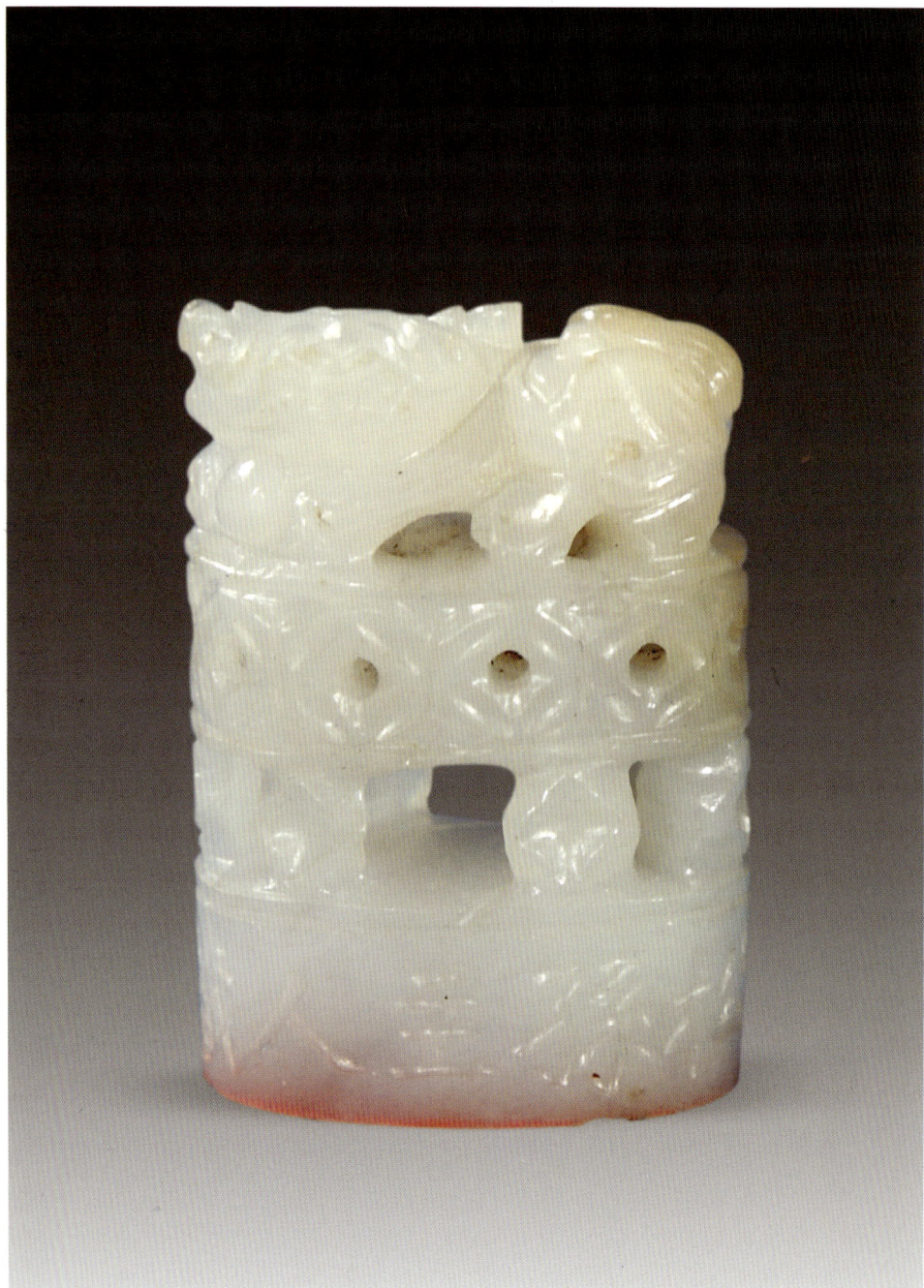

○ 名称：清中期 白玉兽钮印
○ 规格：3cm×2.5cm
○ 估价：8万元

在动物造型的玉器中，张嘴兽与闭嘴兽的价值是不一样的，张嘴兽显现活气，价值比闭嘴兽高。瑞兽的臀部肌肉很发达，滚圆凸出如球。毛发雕刻很细，纹丝不乱，在其尾部和下端略有淡黄色的沁色，这种沁色不是入土造成的，而是长期使用留下的痕迹。其下部的装饰纹饰比较奇特，有6朵梅花形柱子，顶着一圈古钱币的纹饰，梅花和古钱币纹饰都是打洼的浅磨工艺，非常精细，边款刻有："松孙主人"四个字。印面是腰圆形的，上有"骨与梅花一样清"朱文小篆，暗喻物主的清高气节，字体秀丽，笔画干净利落。这件玉印目前的市场价格应在8万元左右。

○ 清中期 白玉兽钮印（细部）

○ 清中期 白玉兽钮印（印文）

羊脂玉荷塘清趣臂搁

这件白玉笔搁规格是用优质的和阗羊脂玉琢制而成，玉质的色泽在白嫩中微透粉色，是典型的羊脂玉材质特征，仅从材质的种类与重量上看，这件臂搁就属于相当难得一见的珍品。臂搁的题材构思比较巧妙，荷塘中的象生物，跳跃的鲤鱼，生机勃勃的莲蓬和舒展如伞的荷叶，充满着荷塘中的生活情趣。这是件动静结合的艺术作品，一条鲤鱼尾巴分叉，鱼身略弯，鱼鳍上有波浪状的锯齿纹，鱼头光滑肥大，眼珠滚圆，鱼身上的鳞纹排列有序，写实性很强。头部和莲蓬相连。莲籽饱满壮实，有浅浮雕与阴刻线相结合的工艺，边上起线开框。莲蓬外皮也有相当写实的装饰纹饰，用阴刻斜线分成几个平面，给人一种阴阳面交汇的实感。莲蓬底部有一根枝叶连着一片含苞欲放的荷叶，枝叶上卷叶纹细密的叶脉纹细线，刻得很工整、有力，而且卷得姿态弧度非常优雅，也是和含苞的荷叶相对应的动静结合。荷叶是静态地卷着，两边都呈网状，中心卷起，而且有阴刻双线"丫"形的叶脉纹悠悠像垂坠着似的连接荷叶的底部。支持整件作品的中心是一条莲藕，白嫩丰腴的莲藕分成四节，两头尖，中间平，其实是两个葫芦形的连接，是工匠设计的高妙之处。莲藕和荷叶都有原生红皮在边缘上。红白相间分外亮丽，故意留下少许红皮作为白中的点缀，这也是乾隆时期玉器巧色的特点之一。因为整件作品显得比较柔美，如果没有在工艺上面的那些卷叶和细工的处理，或许有人会认为是清晚期的作品，所以鉴赏一件艺术品，一定要认真仔细地全面观察、分析、推理，寻找依据都是很重要的，不然的话，好的艺术品会失之交臂。

○ 名称：清中期 羊脂玉荷塘清趣臂搁
○ 规格：6cm×2.5cm×2cm
○ 估价：20 万元

○ 清中期 白玉灵芝饰件

○ 清中期 白玉透雕人物香筒

清中期玉器的用料特征

清中期的和阗玉

　　按照比较确定的说法，清中期新疆向内地运输和阗玉材的渠道通畅，市场供应充足，一言以蔽之，清中期不缺和阗玉。杨伯达先生在《中国古代玉器概述》中有过这样的文字：

　　清代顺治、康熙、雍正及乾隆前期（1644年至1760年），准部分裂主义首领敌视清政府，叛乱频仍，和阗玉不能大量运出，故玉材匮乏，价格昂贵，内廷和苏、浙玉业中心的发展均受到很大影响。乾隆二十年至二十四年（1755年至1759年）清政府平息准、回两部叛乱，对西域可直接行使行政管辖权，打通了和阗玉内运的通路。从乾隆二十五年始，每年春秋两次玉贡计2,000公斤，私采私运，有禁不止，大量地运进内地，故和阗玉充斥帝室和大城市玉肆，促进了玉器工艺迅速发展，出现了我国古代玉器史上最为昌盛的时代。

　　杨先生从历史回顾的角度，向我们描述了乾隆后期的玉材供给状况，由于平息了新疆地区的叛乱，稳定了新疆与内地的输送通道，确保了新疆和阗玉材源源不断地输入到内地，这是清中期玉器市场繁荣的基本物质保证。然而，我们在民间收藏品中，也可以见到一些带有清中期制作特征的岫岩玉藏品，而有些收藏者轻视、排斥岫岩玉的作品，甚至以为清中期的玉材供应充足，不可能有岫岩玉作品出现，凡是岫岩玉器都是晚清民国时的产品。

○ 清中期 白玉葫芦佩

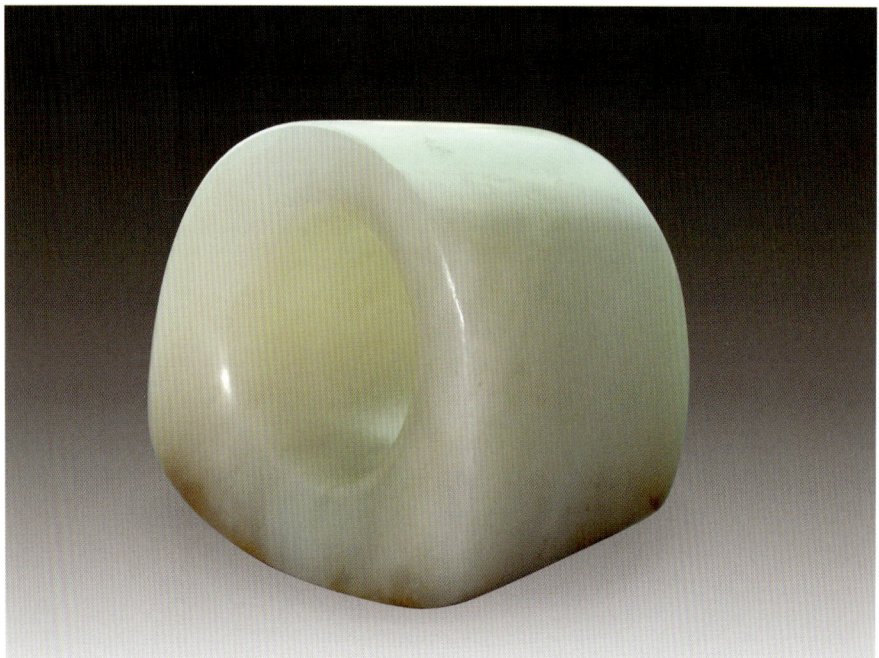

○ 清早期 白玉带皮扳指

画蛇添足，保持重量

在乾隆五十年（1785年）的时候，有一头玉牛贡上，此牛造型奇特，卧姿，头上戴着笼头。众所周知，牛以食草为生，性格最为驯服温顺，从古至今，谁也不会把笼头戴在牛的头上。这件戴着笼头的玉牛造型不合常理，不伦不类，乾隆帝见了大怒，命人返工，并作《咏玉牛》诗一首：

> 斫玉居然此卧牛，
>
> 俗工夸巧作笼头；
>
> 亟教磨去适其性，
>
> 弘景高情可悟不。

（原注：俗工只论玉之轻重，以为价之高下，不肯多去疵类，又栽花镂叶，亟繁缛，而益粗鄙，此玉之一厄矣。兹牛乃至笼其头，而缰绳拖至其尾，亟命磨去之，并戏成是什。）

乾隆在诗注里阐述了牛戴笼头的原因是："俗工只论玉之轻重，以为价之高下，不肯多去疵类"。显然当时的玉工为了保持玉牛的成品重量，不愿将牛头上的多余材料去掉，所以就设计出了这种典型的画蛇添足造型。

一箭双雕，"变废为宝"

在故宫的清中期玉器藏品中，有一件名品《和阗玉桐荫什女》，构思设计极其精俏，巧夺天工。乾隆帝在乾隆三十八年（1763年）时为此曾赋诗一首：

相材取碗料，

就质琢图形；

（原注：和阗贡玉因琢碗取钻心所剩，吴工就其料，作为
是图）

剩水残山境，

桐檐蕉轴庭。

女郎相顾问，

匠氏运心灵；

义重无弃物，

赢他泣楚庭。

通过诗的原注可以知道，江苏的玉工在一块和阗白玉的玉
料上，曾钻取过一只玉碗，剩下的弃料中间有一个圆洞，玉
工就巧借这个圆洞为月亮门，在后面安上两扇玉门，其中一
扇微启，门内外各雕一仕女，成为清中期"变废为宝"的典
范之作。

○ 故宫藏桐荫仕女山子

这两件玉器事例都发生在乾隆后期和阗玉料充实的时候，从两个方面说明了同一个问题：由于玉工非常重视成品玉器的重量，所以在造型设计之初，就已经为卧牛戴上了笼头，反映了当时对和阗玉料的使用并不奢侈和任意。对于成品重量的锱铢计较，一般都发生在贵重材质的使用上，譬如黄金，如果连御用玉器的制作都计较着材料的重量，只能说明和阗玉材料的使用在奢侈下掩盖着的资源短缺；而这件和阗玉桐荫仕女雕件的废料再用，至少也说明了整个清中期和阗玉的材料供给就没有真正的充裕过，未必真如乾隆所言"玉来者多"。

无可否认，清中期和阗玉器的存世数量大大超过了以往的任何一个朝代，同时，和阗玉的市场需求程度也是历代所不能比拟的，在这个用玉的大环境下，新疆远途运输不可能从根本上满足内地的市场要求，从而产生了不平衡的供需关系。只有在这种前提下，才能比较合理地解释质量不高的和阗玉以及岫岩玉作为优质和阗玉的补充材质，出现在下层饰玉群体之中的现象。换言之，清代中期的商品玉材质复杂，良莠并存，同时也有一定数量的岫岩玉出现。

○ 清中期 白玉俏色寿星摆件

○ 清中期 白玉莲生贵子坠

白玉螭龙纹连珠印

BAIYU CHILONGWEN LIANZHU YIN

○ 名称：清中期 白玉螭龙纹连珠印
○ 规格：6cm×3cm
○ 估价：50万元

近几年来，在国内外的玉器拍卖市场中，玉、石质印章是非常走俏的拍品之一，一块小小的古代印章，在藏家的相互追捧下能够拍到上千万元的善价。比如2009年香港苏富比曾拍出一件寿山石龙钮印玺，品相并不完美，龙钮的下面部分受损，鼻子与嘴都有残缺，拍卖从起拍价几百万元开始，一直追到一千万元。此后，不管是伦敦还是纽约的拍卖，凡是印玺中的玉质印章，落锤价格都呈高追不下的态势。分析起来，形成这种玉印价格趋势的原因，主要有这样3点：一是在古代玉器中，玉印是存世量最少的一种玉器种类。从与传世玉器所形成的数量比例来看，应不会高于万分之一，甚至会更低。在笔者的周围，有着不少的古玉器收藏者，他们收藏品的档次各不相同，但是几乎没有几件古代玉印，更不要说是材质好的官印。在玉器的收藏中，玉印其实不算什么重要的种类，收藏者在藏品的积累阶段，一般只会注意对摆件、手把件和佩件的蒐集，当藏品数量上升到一定程度后，就会将目光投向稀有的藏品种类，玉质印章则正符合这一阶段的收藏特征；二是在古代能够使用玉印的人，都有着显赫的社会地位，玉印直接代表着藏品存在的社会价值，所以显得格外贵重，即使在玉材相对充盈的清中期，能使用玉印的人也绝不是普通文人，书画家更不会使用玉印，原因在于从明代开始，书画家用印都是青田、寿山两种石头，治印讲究刀法、篆法、章法三者的艺术构成与和谐，篆刻家往往就是书法家。所以在很短的一段时间内，书画家基本上弃用了匠人的铸印与琢印，玉印多是一些社会上层人物与豪绅附庸风雅的掌上玩物，尤其是明清时期，玉印的出身都比较高；三是玉印使用的都是当时的上好玉材，尤其是明清时期，基本上都是使用籽料制成，也有羊脂玉。印章所使用的材料都比较小，一些小的籽料不能雕制其他造型，就会用来

○ 白玉螭龙纹连珠印（印文）

琢制玉印。

　　当然，也不是所有的玉质印章都能受到广大藏家的高价追捧，古代印章官印要比私印价位高；明清玉印中的皇家用印价位最高，一般民间玉印主要看玉质，价位相差有时会很明显。

　　这件玉印的材质是和阗一级白玉，双联章用料比较大，一条苍龙穿过桥钮，造型奇特。这是件乾隆晚期的作品，龙已经是苍龙的模样，四肢显得比较柔和，更多些儒雅，尾巴开叉，朝两面卷起。印章是连珠形，上下两方印面，一阴一阳，阴文是"遣其欲而心自静"，阳文是"澄其心而神自清"。这件印章的材质上乘，白度高，糯性好，如果是一件新工，交易价格至少要50万元以上；而这件清中期的玉器藏品，目前的市场交易价格也只有50万元左右。

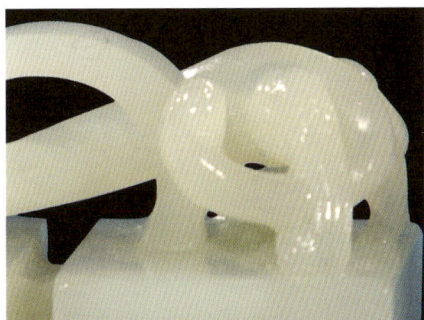

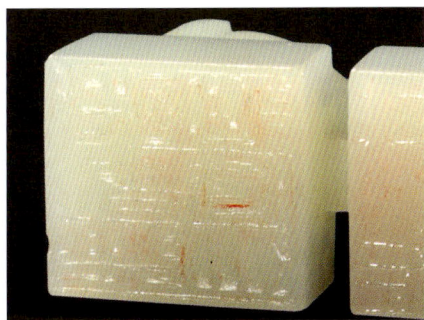

○ 白玉螭龙纹连珠印（细部）

白玉凤穿牡丹摆件

BAIYU FENGCHUAN MUDAN BAIJIAN

这件凤穿牡丹摆件是采用优质的和阗白玉籽料制作，玉质莹白、滋润，油脂感很强烈，琢制工艺精细传神，巧妙地利用了原籽料的形状，在造型设计时，作品尽量保存了材料的重量，随材赋形，一般对于少见的优质材料，都是这样惜材如金，比如同样是宝石级别的碧玺，用来制成山子或鼻烟壶的碧玺，都是在整块料上雕成，材料伤耗大。这种碧玺一定颜色不好，没有更高的商业价值；如果是用来制作戒面、吊坠的碧玺，尽管料很小，也会尽量作保料设计，因为这种碧玺虽小但很珍贵。对玉料的设计也是同样的道理，好的籽料一定会作保料设计，而一般的山料则可以大块面地去边、掏圆。

这件作品下部堆积的物体比较复杂，所以就处理成上轻下重的钟状。作为一种摆件，必须要有这种稳当的厚重感。摆件的上面站立着凤凰，扭头，口衔一枝牡丹，姿态优雅高贵。凤眼的眼线修长，凤冠高耸。牡丹枝叶繁茂，含苞欲放。凤鸟身上的羽毛分为四组，均由弧形的曲线构成，每组的造型都合乎羽毛规律，全部是细毛功，密密麻麻地分布两边。另一面由于没有花枝遮挡，所以羽毛的刻画，更是细致入微。除了下部的四组弧形外，上面还雕有六排短翘细毛。在颈部和脊部之间有四组鱼鳞纹的绒毛修饰，逼真写实。这只凤鸟的整个身体显得圆浑饱满，四条长羽拖地卷起，其中那条主尾由中间阴线分隔两边，"人"字纹的细刻阴线一气呵成。其他几条副尾都是光面无工。在清中期的玉器中，有时为了突出材料的特征，往往会在玉器表面不事雕工纹饰，其工艺表现的难度往往留给了最后的光工，在没有小块面的遮盖下，处理好这种平面是一件非常棘手的事情。凤鸟的脚被几条大大的灵芝所遮挡，灵芝厚实，全部是绽放、饱满有力度。这件玉摆件非常精美，同类作品在美国西雅图博物馆也有收藏，笔者2005年在香港第一届古董博览会上遇到，当时的价格是25万元。目前这类小摆件的价格是当年的几倍，约在80万元。

○ 名称：清中期 白玉凤穿牡丹摆件
○ 规格：9.5cm×7cm
○ 估价：80 万元

白玉巧雕苍龙教子章形佩

我们经常将玉表面的一种橘红色或饴糖红色称为"玉皮子"。其实玉皮子并不是玉表面的那层皮，以一块籽料为例，在一块卵形的籽料外面，包裹着一层粗粝的风化层，那不是我们所说的玉皮子。在风化层与白色玉肉之间，还有一层菲薄的色膜，这才是我们所见到的玉皮子。如果用荔枝作比方最恰当，荔枝外面的粗皮就相当于籽料的风化层，荔枝肉就相当于玉肉，之间的那层薄膜就相当于玉皮子。玉皮子在清中期只是用于巧雕，由于和阗玉缺少鲜艳的暖色，所以皮子是很重要的巧色之一。现在往往用人工干预的办法做出假皮子，主要是向收藏者证明籽料的出身，其实玉皮子不仅出现在籽料上，有些小块零星的山料同样有皮子，在收藏的实际操作中，千万不要见到玉皮子就以为是籽料。

带有皮子的玉又称"皮子玉"，现在的皮子玉已经变成了罕见玉。就是在 2000 年之后的几年里，一些带皮的小籽料随便可以买到，而且价格很便宜，多穿成手链送给朋友，现在好的小籽料的身价已经达到了每粒起码上千余元的高价了，有更好的好皮好肉的甚至上万元。而重量较大的带皮和阗玉（山料、籽料）价格暴涨到了超过金价的水平，于是就有假的皮子玉出现，不管是怎样的造假手段，假皮子的红色比真皮子醒目，没有深

○ 白玉巧雕苍龙教子章形佩（细部）

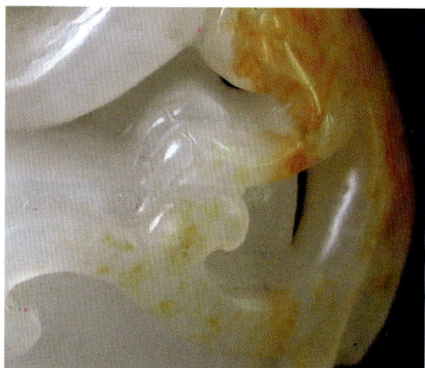

○ 白玉巧雕苍龙教子章形佩（细部）

○ 名称：清中期 白玉巧雕苍龙教子章形佩
○ 估价：30 万元

浅的过渡层次，如果有一段时间不用油的浸润，或浸润不到位，"皮子"就会看出干燥，乃至出现皲裂璺，而真皮子颜色温暖，深浅不一，洒洒点点，非常自然。

这件章形玉佩的巧雕皮子是三百年前的和阗籽料的真皮子，颜色呈橘红色的皮子洋洋洒洒，遍布其身。螭龙是俯视形的，方脸，猫耳，圆珠眼，如意鼻，开脸很漂亮，有汉代的遗风。

龙身从章形瓦当中穿出，尾巴分叉两旁，前后呼应。身体拱起，前肢撑在瓦当钮上。龙背上也有如意纹饰在脊背左右两旁，线条细，柔软，有磨制的痕迹，没有汉代的纤细飘逸。左边有一条小螭龙，头顶有红皮，讨得俗话"鸿运当头"的口彩，卧在苍龙的前肢下，嗷嗷待哺，使整个画面构成一幅母子情深的场景。

○ 白玉巧雕苍龙教子章形佩（背部）

白玉人物葫芦瓶

这件白玉人物葫芦瓶从造型的规格上看，应该属于中等偏大一点的藏品。收藏这样规格的摆件，首要的认知点不是纹饰的内容与造型的大小，而是玉质。我们知道，和阗玉的材料来源分为两种，山料与籽料。在一块籽料中，玉质质量比较平均，没有太大的变化，适合于制作任何一种玉器。只是籽料原石的大料太少，绝大多数只能雕制些小型的把件、佩件，而很少能够雕制诸如山子摆件等大型器型，一般比较常见的稍大一些的藏品，都是山料。而在大概念下的山料的质地差别往往会表现得很明显，在一块较大型的山料作品中，常常可以见到粗糙与细腻、纯净与杂质的质地富集在一起，这就是我们常说的"阴阳面"。

"阳面"是指质优的一面，也称为"堵头"或"顶面"；"阴面"就是质差的那面，在制作摆件山子时，都将堵头放在正面，而将阴面放在背后。带有阴阳面的玉材多用于仿古器的制作。如果能够截取很好的堵头，也经常制作小型的挂件或手把件。质量好的山料堵头有时会比籽料还要好一些，清代早中期的不少玉器都是优质山料琢制的。正是因为山料的质量存在着这样大的差别，所以用料的优劣直接关系到大型摆件或山子的出身与价值。在清中期的玉器中，出身高贵的大型玉器，即使使用山料（北京故宫博物院藏的不少清中期山子摆件都是山料），质量也仅下籽料一等，有不少等同甚至高于一般的籽料；而一般商品玉中的较大型雕件，用料质量都比较差，这就是收藏偏大形摆件山

○ 名称：清中期 白玉人物葫芦瓶
○ 规格：13.5cm×8.5cm
○ 估价：100 万元

○ 清中期 白玉人物葫芦瓶（细部）

子必须首先观察材质等级的原因。

这件玉雕人物葫芦瓶摆件的画面由海水、山石、葫芦、金蟾、童子组成，象征着童子的前程福禄像无涯的福山寿海一样。童子造型像寒山、拾得二仙，头发披散脑后，表情喜庆，笑口大开。这种题材的玉器在清中期以后常见，但是其他时期的童子开脸不如清中期的表情细腻、丰满，这主要与雕工的技术水平、所投入的琢制时间有关，因而也可以被视为区别于其他时代的同类作品的重要断代依据。

这件摆件所用的是和阗玉籽料，随形雕琢，外面还留有少量的玉皮分布在左边。如果要把皮全部去掉，那么材料就会小许多，留下些少量的玉皮也无伤大雅。这件玉雕在 1998 年的市场价是 25 万元，目前的市场行情应该达到 100 万左右。

白玉童子击鼓书镇

清代乾隆时期文房用具比较流行，而且凡是作为文房的古玩类，相对来讲比普通的器物档次、价值方面都要高出许多。这件清中期的童子击鼓书镇使用的玉料是新疆和阗一级白玉，白中略带很浅很浅的淡青色，就像鸭蛋壳的那种蛋壳青色，浅白而有荧光。主题纹饰是一童子卧在鼓上，一手抚鼓，一手托腮，身体侧卧，两腿蜷曲，造型可爱。该童子面相像刘海，头上留的是桃子形发型，杏形丹凤眼，"八"字眉，葱管鼻，弓形嘴，笑容满面又憨态可掬。身穿短袄、肥裤，短袄和肥裤的衣纹都是阴刻线，用砣具砣出来的船底纹工艺，线条简单，纹样恰当，有条不紊，显得非常有力度。孩童伏在那个扁平的圆鼓上，鼓上的乳钉纹，虽密密麻麻，但排列都很整齐，大小错落有致，底部的工艺是上面的承上启下的连接。衣纹的边缘起阳线，阳雕工艺突出其立体感的视觉效果。两只脚上下相叠，非常写实、自然，脚旁有少量淡褐色的丝丝沁斑。

笔者认为，清中期的玉器一般都不会带有入土后的沁色，除非是改造汉代以前的旧玉。乾隆时期有不少玉器是将三代的残器进行了改造，这类改造后的玉器称为"老料新工"，如果原器上面存有入土后的各种沁色，那么改造后就有可能将沁色保存下来。如果是乾隆时期的新工新料，就一定不会有入土后的沁色出现。我们知道，和阗玉是密度和硬度最高的玉种，埋在土中短时间内很难受沁，唐代以后的和阗玉基本上都没有很深的沁色。清中期距今不到 400 年，如果不是作旧，和阗玉一般是不会有明显的沁色的。这件和阗白玉书镇上面的沁色呈浅淡的褐色丝状，不是入土沁，而是长期的把玩形成的汗沁，这种沁色色浅，不会连成大片，是清中期玉器的特征之一。

这件文房书镇在 2003、2004 年的交易价格是 10 万元，目前的市场价格大约在 30 万元左右。

○ 名称：清中期 白玉童子击鼓书镇
○ 规格：7cm×8.5cm
○ 估价：30 万元

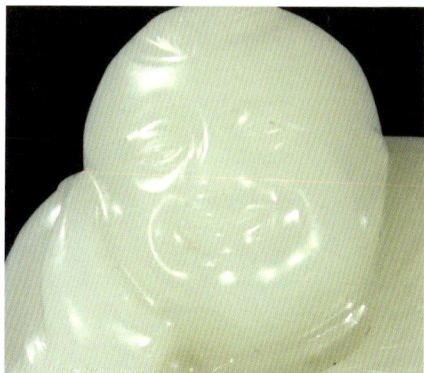

○ 清中期 白玉童子击鼓书镇（细部）

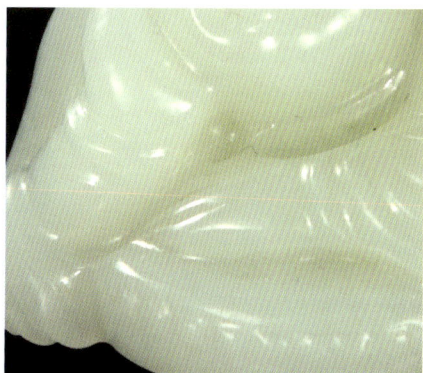

○ 清中期 白玉童子击鼓书镇（细部）

黄玉觿形佩

在新疆的和阗玉中，黄玉是相当少见的一个品种，与白玉的比例数量不会高于万分之一。清代乾隆时期对白玉倍加推崇，导致黄玉的价值逊于白玉，如果观察故宫藏御用玉器可见，每一件黄玉作品都是颜色纯正的鸡油黄，油润如凝脂，加工工艺都达到了御用玉器中的顶级水平，说明黄玉尽管不像羊脂白玉那样可以列为极品玉质，也同样受到了非常高的关注，其程度往往要超过一般籽料白玉。现在的黄玉更加稀罕，不要说纯正的鸡油黄，即使带有浅淡的黄色，也是难得一见的好玉。于是就出现了用河磨料、黄口料冒充的赝品和阗黄玉，而且数量甚多，这些假黄玉的颜色特点是黄色中闪青，硬度可以接近黄玉，但缺乏黄玉的糯性和润泽感。

这件玉觿是乾隆时期的御用仿古器，鸡油黄色，温润细腻。玉觿是一种弯曲的锥形器。据说是远古人随身佩戴作为解绳结的工具，后来逐渐演化成一种佩饰，表示成人的象征。这件玉觿是仿战国时期的玉觿，方头一端有一个小孔，便于穿系绳子佩戴，尖形尾端有一个小小的分叉，觿的内侧饰有凹凸的扉牙，这是商周玉器的装饰特点。觿的表面使用西周常见的撤刀法雕出云纹，上密下疏。一面在表皮上有很浅的淡褐色水沁，另一面完好。

这件是乾隆时期的宫廷仿古玉器，玉质上佳，只是由于玉器的设计者（也包括乾隆皇帝本人）缺少对古代玉器纹饰造型方面的器物学认知，对商周，特别是春秋战国以来的纹饰构成不熟悉。从整体造型上看，原本拟设计成龙凤纹玉，最后由于效仿、使用古代云纹不当，反而使整个玉表面的纹饰语言不伦不类，看不出与龙凤有什么关系。所赖黄玉的材质精良，乾隆工精湛绝伦，仿西周的撤刀法几乎无可挑剔，可以遮盖纹饰上的失误，这又是清中期仿古玉器的特点之一。这件玉器的市场价格大约在50万元。

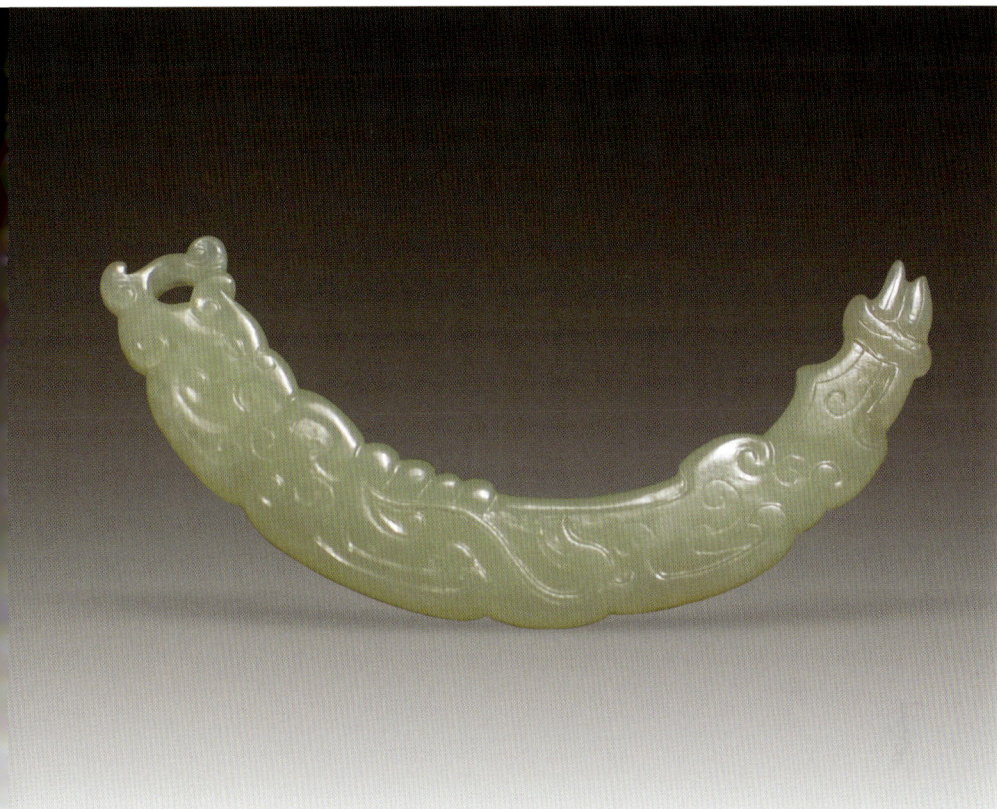

○ 名称：黄玉觿形佩
○ 规格：8cm×1.2cm
○ 估价：50 万元

青白玉巧雕螭龙灵芝佩

QINGBAIYU QIAODIAO CHILONG LINGZHIPEI

巧雕玉器又称"巧色玉"，是清中期比较流行的一种风格，巧色比较常见的有两种组合：一种是白玉（或黄玉）与红皮子的组合，由于和阗玉中缺少比较鲜艳提神的红色，所以经常利用饴糖红色或橙红色的皮子作为巧色，使玉器获得鲜亮的装饰颜色；另一种是黑白玉巧色。在和阗白玉中，尤其是质地上佳的白玉，经常伴生有黑色的墨玉，两种颜色紧紧挨在一起，没有中间色，形成了高位的黑白反差。清代多利用这样的材质巧色，雕琢出如黑白双獾这样的巧雕作品，如果按照玉质的材质纯度说，黑白巧色不属于最好的材质，如果巧雕的确巧夺天工，那么这样的作品同样深受藏家的欢迎。

这块玉佩的材质很罕见，白玉并无不纯白，带有一些糯米的奶白色，黑玉也不纯黑，在灰中透着淡淡的紫色。从做工的特征上分析，应该是件清中期的苏作贡玉，因为在乾隆晚期，扬作为清宫制作的主要器型是山子和摆件，苏作经常有一些巧雕小件向清廷进贡，现在北京故宫博物院中的不少清中期的巧雕玉件，包括巧雕玛瑙都是苏州专诸巷的作品。

玉佩上的一条螭龙身体隐卧在灵芝上面，螭龙开猫脸，圆珠形眼，楔形鼻，是典型的汉代螭龙的开脸形状。螭龙的身体是唐代的造型，像泥鳅一样圆润流畅，外形不见力度而显富态可人，比较符合清中期的造型特征。

这件巧雕玉佩目前的市场价格大约是 50 万元。

○ 名称：清中期 青白玉巧雕螭龙灵芝佩
○ 规格：长 6.3cm
○ 估价：50 万元

青玉海棠形双龙衔环盖壶

QINGYU HAITANGXING SHUANGLONG XIANHUAN GAIHU

和阗玉按照玉色分，一共有五种：白玉、黄玉、青玉、青白玉和墨玉。青玉是一种青色的玉材，主要色调是青中闪绿，在和阗玉中属于常见的普通玉材，在和阗玉的大家族中的硬度最高，俗称"钢玉"。就像白玉、黄玉一样，青玉也按照颜色分等级，比较纯正的青色是："竹叶青"、"虾籽青"、"熊胆青"、"瓜皮青"等，经常雕制成大件的笔筒、花插、插屏、山子等器，很少见到用青玉雕成胸坠之类的佩件。明代的传世玉器有不少青玉，清中期的玉料主要以白玉为主，青玉制品多见民间的商品玉器。

这件器物是青玉中的瓜皮青，质地纯净，不见瑕疵，通体青绿，玉质紧密度很高。

盖钮顶部是个海棠形的花盖，两面出戟。盖钮下部是一个覆莲的造型，与壶的口沿瓜棱形相配合。壶身两边有双龙活衔环，龙头毛发向后飘拂，圆眼凸出，张口衔活环连接。壶体是八条瓜棱形分隔两面，棱形的线条挺拔，干净利索，弧度非常简洁明快，没有繁缛的纹饰。底部是仰莲花瓣造型，与盖钮上的覆莲上下呼应。花瓣精致翻开底部美丽如一朵盛开的百合花。

笔者认为，这件器物是中西合璧的产物，在造型上明显借鉴了痕都斯坦玉器的设计因素，而对玉质通透感觉的塑造上，仍然是传统的，表现在掏膛比一般的器物要薄，但仍厚于痕都斯坦玉器，器壁的薄厚适宜，仅有轻微的透光而不是透明，是典型仿痕都斯坦玉器的作品。这种仿制品从借鉴的关系上看，无疑是正确的，但是并不受乾隆皇帝的认可，所以传世作品很少见，是现在交易价格很高的主要原因之一。

○ 名称：清中期 青玉海棠形双龙衔环盖壶
○ 规格：17.5cm×12cm
○ 估价：80 万元

羊脂玉金鱼佩

YANGZHIYU JINYUPEI

　　玉器中鱼的器型最早出现在良渚文化，商周时期最为盛行，直到唐代，鱼形基本上都是片状器，直到宋代以后圆雕才开始多了起来，而片状鱼造型逐渐消失。明清时期鱼的设计造型开始多了起来，因为"鱼"、"余"是谐音，有着人们普遍追求财富积累的口彩，所以民间传统习惯中往往把鱼视为吉祥物，常用鱼来比喻富余、吉庆和幸福。

　　这件玉鱼的外观色泽特征表现与和阗羊脂级白玉相吻合，洁白无瑕、细糯油润、脂感通过精细的光工磨光显现出材质的卓尔不群，在脂白中带有些微的粉色，这就是羊脂玉的颜色特征。有些人认为，羊脂玉的颜色就是脂白色，其实如果有机会仔细观察真正的羊脂玉，就可以发现，在脂白中带有很轻微的粉头，有些羊脂玉的粉头对于没有经验的收藏者来说，不进行对比，不易察觉，这就需要收藏者要锻炼出十分敏锐的观察记忆能力，否则就不能收藏与交易高档次的玉器。

　　从古至今，在玉器的工与料之间，都存在这样一个不能逾越的规律，那就是好料一定配有好工，因为好料难得，人们一定要交由好的工匠奏刀；但是好工未必一定施用在好料身上，在没有好材料的时候，即使是好的工匠，也要在普通材质上作业，以维持生计。这件羊脂玉的玉鱼工艺是一流的，具有典型的乾隆时期细腻、娟秀、书卷气很浓的工艺。鱼的双唇微微卷起，大眼鼓鼓在水泡中。鱼身是半圆形的鳞形片，排列疏密得当，整齐规整，贴近自然。尾巴自然分叉呈山子形。从尾巴的造型和鱼鳞的刻画给我们的断代信息很明显，就是"开门"的清中期作品，因为清中期以前鱼的尾巴和鱼鳞没有山子造型，也没有半圆形排列整齐的鱼鳞纹。腹部四片鱼鳍，特性也很明显，清中期以前很少有鱼鳍出现在腹部，常常用水草、慈姑之类来装饰腹部，鱼鳍多数会设计在背脊上。这件玉鱼的腹部也有鱼鳍的修饰，像半片秋叶，有点写实，而山子形的尾巴看起来更像一朵含苞欲放的莲花，造型铺张潇洒悠闲。鱼尾作稍有斜倾的处理，而又稍有翻卷，更显示出造型的自然、灵动之感，给人的感觉这是条很悠闲的鱼在轻轻地优雅的游动。这件作品目前的市场价格大约在25万。

○ 名称：清中期 羊脂玉金鱼佩
○ 规格：6cm×3cm
○ 估价：25万元

○ 清中期 白玉凤佩

○ 清中期 白玉雕龙形佩

清中期玉器样式

清中期玉器样式的复杂性

清中期玉器造型纹饰的特征

　　在高度发达的市场供需机制驱动下，清中期玉器的造型纹饰特征表现强烈，与历史上其他朝代鲜明的区别点在于，这一时期的玉器纹饰设计得相当繁缛而复杂，这样复杂的纹饰在客观上大大提升了玉器琢制工艺的难度。如果说清代玉器的整体制作达到了历史的巅峰高度，那么，高难度的琢制工艺设计与实施无疑是这座巅峰的主体支撑之一。如果我们暂且抛开玉器，观察一下乾隆时期的瓷器、珐琅器等其他工艺品，就可以发现，乾隆皇帝的真实审美体验其实就在于繁缛复杂与绚丽多彩的组合，如果我们看到乾隆时期的粉彩官窑"百花不露地"的纹饰，就可以领略到什么叫做"无以复加"。沿着这个思路推论，乾隆后期的玉器纹饰造型设计风格的确定，原则上是与瓷器的总体风格并行不悖的。那么，玉器的纹饰造型设计在乾隆后期的初年也应该体现出繁缛而复杂的风格。上有所好，下必景从，清中期玉器作品纹饰造型的主要设计时尚就是复杂的纹饰与复杂雕工的结合，尤其是市场流通的商品玉器，更是毫无规范地信马由缰。如果追本溯源，这种现象的始作俑者，还是乾隆皇帝。

收藏特征

　　从收藏特征上讲，高古玉（战、汉以前的玉器）尽管制作不规范、玉质不好，甚至多有美石充当其间，但是每一件都

○ 清乾隆 白玉圆插屏

○ 清乾隆 白玉太平有象山子

有一种特定的审美含义，阁藏百件，件件不同，这是高古玉收藏的最大诱人之处。清中期玉器件和阗白玉，制作规范精美，由于玉质、雕工、纹饰、造型的特征太接近，所以徜徉在清中期的玉器中，很快就会产生审美疲劳，这大概也是不争的事实。乾隆皇帝长期浸淫在这种单一的美学视觉玉器中，一定会逐渐产生厌烦的逆反心理，而且当这种厌烦富集到一定程度的时候，就会导致偏激行为的发生。于是，乾隆在不少咏玉诗中，对这样的造型纹饰进行抨击乃至行动。譬如，在乾隆五十二年（1787 年）时所作的《咏和阗玉汉兽环方壶》诗中，乾隆是这样写的：

> 迩来和阗玉来多，
>
> 官贡私售运接轸；
>
> 专诸巷里工匠纷，
>
> 争出新样无穷尽；
>
> 因之玉厄有惜辞，
>
> 凡涉华嚣概从摈；

（原注：近时玉工制器，竞为华嚣牟利，以致琢损良材。屡见题咏，有："世降人心巧，争奇炫新裁；曾谓'玉之厄'，辜负球琳材"之句）

> 知不获利渐改为，
>
> 方壶兹以汉为准；
>
> 兽琢双耳连以环，
>
> 既朴而淳纤巧泯。

乾隆皇帝把玉器纹饰造型的繁缛设计时尚看成是以"华嚣牟利"的世俗，并鄙视为"俗样"、"新样"，在四十八年时（1783 年）所作《咏和阗玉仿周莒山鼎》中所采取的态度是：

"博物古图原可仿，俗工新样概教删"，而在上引的五十二年（1787年）时所作《咏和阗玉汉兽环方壶》诗中，干脆"凡涉华器概从摈"——都扔了。在清代玉器的收藏上看，凡是具有典型清中期琢制风格的繁缛纹饰的玉器，基本上属于乾隆60年皇祚的中期作品，时间在乾隆仿古期之前，而对于纹饰比较简单的玉器，则要根据纹饰风格与琢制工艺特征来判断是乾隆早期还是晚期。

从玉器的民间商业行为上看，讲究工艺的复杂与设计的出新似乎没有什么不妥，即使到现在，如果一件商代的玉器与一件清中期玉器并案，供人挑选，恐怕绝大多数人要选择后者。乾隆皇帝的一己好恶，只能左右御用器与贡器的制作，并不能决定市场的商品设计加工走向。从我们对具有清中期琢制风格的玉器观察来看，作为商品流通的普品，"俗样"玉器其实并没有因为乾隆的好恶而停止制作，很明显，他的干涉更多的只是作用在他所能够接触到的玉器制作上，而对于民间的装饰用玉基本上没有什么影响，在现在的收藏品中时有所见，应该成为对清代玉器收藏的重点。在乾隆晚期，他提倡以仿古、玉图画的形式来匡正"俗样"，这为我们对这一时期作品的断代，划出了一条鲜明的界限。乾隆的仿古玉器基本上属于重器，玉图画主要的表现形式是山子、插屏，都不是一般收藏实力的人所能入藏的，所以不要投入太大的精力。

白玉带皮松鼠葡萄坠

BAIYU DAIPI SONGSHU PUTAOZHUI

玉器作为装饰品，在史前的制作时期，其真实用意是什么，现在没有途径加以窥测。比如红山文化的所谓"玉猪龙"，究竟是猪还是熊，到现在也没有找到梳理清楚的途径，而有一些比较鲜明的造型则被后世的人们寄予了某种对未来的期望，殷商时期的片状跪姿人物（玉跪人）就是被后来谐音为"遇贵人"，由于谐音所表达的意义很好，所以受到了收藏者的大力追捧。真正出现用图案组合成吉祥口彩的是在唐代，比如用牡丹与绶带鸟组成主题纹饰，寓意"长寿富贵"；用牡丹与凤凰组合在一起，就是"丹凤朝阳"。

在玉器纹饰中突出吉祥的口彩，从唐代一直延续到现代，最为繁盛的时期自然是清代中期。这件松鼠葡萄坠就是带有"子孙长久"的寓意。可以这样解释："鼠"，是天干中的首

位，为"子"；葡萄枝蔓繁茂，象征久远绵长，所以松鼠、葡萄组合是古代玉器中的常见的纹饰题材，占有很大的比例。比较特别的是，这种松鼠葡萄题材的作品带有红皮子的巧雕特别多，如果说"子孙长久"是自己对香火代嗣不绝的期望，那么一点红色玉皮则寓意着"鸿运当头"，是对后代子孙前程远大的祝福。

这件红皮巧雕松鼠葡萄坠的玉质细腻，脂感很强，红白相间，属于上乘的和阗籽料。从纹饰的设计上看，常见的松鼠葡萄一般只雕一个松鼠，而这件玉坠雕有上下两只松鼠，左右对称分布。松鼠的嘴尖都对着葡萄，圆浑而有力度的四肢张开，后面的背景是洒洒点点的橘红色玉皮，可以分出主景与衬景的淡浅层次。两片葡萄的叶子用阴阳细勾勒，刻画出叶子的曲线感。

这件作品最大的特点在于，这不是一件常见的实地镂雕挂件，它的中间全部镂空，两面都有复杂的琢制工艺。像这样玉质好、重量轻、颜色俏丽的挂坠，应该属于香囊坠，是大家闺秀系在裙腰上的贴身之物，也有用来挂在蚊帐内驱虫，或做扇坠的。

这件玉器在 2003 年的价格大约 3 万元，而目前皮子玉一物难求，再加上如此精美的工艺和玉质，市场交易价格不会低于 20 万。

○ 名称：清中期 白玉带皮松鼠葡萄坠
○ 估价：20 万元

白玉瑞兽灵芝书坠

在古代玉器动物造型中，有两种类型：一是肖生动物，这类动物都比较写实，在现实生活中都能见到，比如牛、羊、犬、虎、狮等；另一种是臆造的动物，这类动物在现实生活中根本不存在，是人们为了寄托某种祥瑞的美好愿望，臆造出来的造型。由于愿望各有不同，所以这类动物的造型与名称也不同，比如寄予吉祥如意的有龙凤，保佑能够聚财不散的有貔貅，而希望能够日进斗金、财源滚滚的则有"三条腿的蛤蟆"蟾蜍，等等。这些动物我们今天还能叫得上名字、说得清作用，也有不少这种古代臆造的动物今天很难说清楚原始意思是什么，甚至不能准确地叫出他们的名字，所以我们就折中一个统一的含糊其辞，叫做"瑞兽"。

常见的瑞兽除了龙凤以外，比较常见的可以根据兽头的角来区别：

○ 名称：清中期 白玉瑞兽灵芝书坠
○ 估价：15 万元

一只角的称为"天禄"或"角端"(lù duàn)，两只角的是"麒麟"，头上不长角的就是"辟邪"。

这件乾隆时期的玉雕天禄，口衔灵芝，头顶一角，双目炯炯有神，梳子眉高挑而上扬，水滴状的两眼，眼梢略尖，眼珠滚圆，显得霸气十足。鼻子是蒜头鼻，小方口内衔着一枝灵芝，在背上有一支如意枝，两边分叉出两个如意头，分别在脊背和腹背上，异常生动。两朵灵芝都是用深凸雕法琢治而成，但是形状和大小各有不同，层次感与写实性都比较强烈。有一片灵芝的叶子缓缓地耷拉在其后边，叶子的脉纹是阴刻的"人"字纹细纹，向两边伸展，阴刻线呈放射状。天禄的尾巴分叉并且卷成涡形，有绞丝纹拉的细毛工，线条一丝不苟，干净利索，两旁卷起，像两朵浪花，双脚着地，并且有脚掌和脚趾的刻画。

这是件和阗籽料雕刻的白玉件，玉质油润，结晶性好，没有任何杂质，可以穿绳作为腰佩，也可以在文房用品中作为小书镇使用。目前和阗籽料玉的价格迅速上升，像这样的品相完美，小而精的玉件并不多见，值得收藏。

白玉童子击鼓钮印

这件玉钮印的材质相当精美，是典型的新疆和阗羊脂级白玉，玉质肥润，色泽洁白细腻，整体外观上没有一点瑕疵。这件玉印的材质非常标准，即使是其他玉器，也很难见到这样标准的。

玉质印章的收藏价格由三方面来决定：一是印面的内容，这是一方玉印最重要的价值因素。因为印面的内容决定了玉印的使用者的等级，比如清中期最著名的是乾隆皇帝在鉴定古书画时所用的诸如"乾隆御览"等十方玉印，从印面的内容可以说明拥有者的社会地位，进而间接地推论出印章的材质质量与雕工水平；二是玉印的材质质量。尽管玉印的材质使用都比较上乘，但是好的玉材也有区别，山料分开采的位置朝向，籽料也有普通籽料与羊脂玉的区别，材质的不同，可以直接影响到印章的交易价格；三是玉印的印纽雕工。雕工的优劣往往会直接受到上述两个方面的影响，一般名人或社会地位高的人，使用玉印的雕工就一定好；非名人的玉印印纽雕工的优劣不尽可知。玉质上好的玉印雕工一定很好，玉质一般的玉印雕工优劣各有所见。这就是玉印与交易价格的关系所在。

这方玉印的印纽雕工很精到，童子开脸虎头虎脑，手持梅花，花瓣玲珑剔透，璎珞垂在身后，两腿骑在石鼓上，带有鼓钉纹的圆鼓在童子的胯下，敦厚有力。玉印的材质没有一点瑕疵，完美品相。印面阳文"竺卿"二字小篆，线条规整，字体端庄秀美。这件印章的市场价格大约在 20 万元。

○ 名称: 清中期 白玉童子击鼓钮印
○ 估价: 20 万元

白玉围炉观书牌

玉牌子是明代中晚期产生的一种特有的佩玉形式，明式牌子一般没有门头部分，总体造型设计也比较朴实，与明代的其他玉器风格是一致的。清中期玉牌子造型很明显是继承和发展了明式样式，在表面增加了许多设计元素，比如有门头，也有将边沿制作成扉牙形，等等。清中期的玉牌子一般都有一个规律，那就是一面画，一面诗，诗画统一在一件作品之中。这一规律只能断前不可断后，因为清中期以后直至今日，长方形玉牌子基本上都是采用这种样式，所以不能作为清中期以后玉牌子的断代依据，而明代的早中期玉牌子很少见到一诗一画的形式，在明晚期开始出现了一诗一画，所以可以断前。

这件玉牌的玉色莹白油润，质地结构坚致，开型中规中矩，尺寸长5.5厘米、宽3.5厘米、厚0.6厘米，显得非常厚实。门头的长度约为1.5厘米，有两条背向的夔龙纹，背靠背的走向呈"G"形，牌子表面开框，平地起线，画面是一书生静静地坐在炭炉边的椅子上读书，脚下有三个如意足的炭火炉，炉中的火苗呈现出三朵元宝状造型。书生身穿长袄，脚蹬高靴，二脚高叉，头戴纶巾，双目低垂，微微俯首，一副非常悠闲的模样，底边的纹饰是左右对称的卷草纹。整个画面的底子处理得非常的光滑平整，书生衣纹的线条边缘清晰，有刺手的感觉，完全符合清中期的光工风格。在当前的玉器交易品市场中，价格拉升幅度最快的品种就是玉牌子。这件玉牌子的当今市场价格最低在60万元左右。

○ 名称：清中期 白玉围炉观书牌
○ 规格：5.5cm×3.5cm×0.6cm
○ 估价：60 万元

白玉五蝠捧寿水丞

BAIYU WUFU PENG SHOUSHUICHENG

○ 名称：清中期 白玉五福捧寿水丞
○ 规格：7cm×5.5cm×4.5cm
○ 估价：120万元

明清时期的笔洗、水丞在传统的基础上都有了新的发展。常见的品种有钵形、碗形、盆形、葫芦形、荷叶形、海棠形，还有各种动物形态，十分丰富。

这是件盂形水丞，使用的材质是新疆和阗羊脂白玉，质地温润而且脂感强烈，盈握在手如脂膏在握，油润滑爽，是在整块随形籽料上内掏膛外雕饰而成的。

这件水丞的盖上是两片对称的"人"字形的叶子，叶脉纹全部阳雕，线条干净利索，呈"人"字纹放射状。叶子的边缘略带红皮，说明了在琢制时，玉料的使用已经到了边缘。叶子的工艺非常精细，是这件作品的点睛之处。叶梗下连环与枝叶相交，枝梗处有树结和树枝相互弯曲，姿态优美，然后伸出另一枝人字形的叶子向两边伸展。此片叶子是阴刻线的叶脉纹，叶边是卷叶造型，非常写实且具有美感。叶上一蝙蝠翅翼

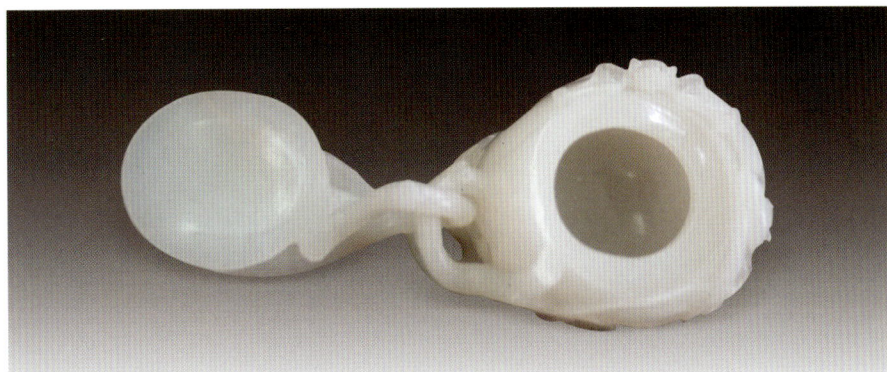

○ 白玉五福捧寿水丞（细部）

同叶相合，如同展翅飞出状，有一蝠并行起飞，方向向上而升。另外两蝠在底部左右两边，上下对称造型各不相同。此五蝠都是盘旋在桃形的水丞上，整个桃形是天然造型，随料而作毫无牵强的感觉，自然妥帖。在桃尖处有一道较深的船底工，显示桃子整个造型的完美。

这个玉水丞造型的特点在于保持了实用性的功能。其口部一般都是敛口的，底部比较大，为了能盛更多的水，且有一定高度的腹部使得水丞的实用价值得到体现。

有些仿造的作品，口部是敞口或者是侈口的造型，腹部设计简单。这种情况几乎可以肯定是仿品了。

这件作品由于材料是和阗玉中的上乘之材，工艺来看也可称为"乾隆工"，故目前的市场价格约在120万。

清中期镂雕玉器

清中期镂雕玉器的优劣

镂雕玉器产生年代

　　玉器的镂雕技术滥觞在什么时期，现在考古学的发掘结果还不能给我们以准确的回答，我们现在所能见到的较早的镂雕玉器，应该是良渚文化时期的作品。良渚文化时期镂雕玉器的工艺明显原始，主要是在片状玉石上用线锯"锼"出镂空的图案。如果从精美的标准品评，良渚文化镂雕作品的精美程度远远不能并驾于同时期的细阴线作品如玉琮上面刻画的神人兽面纹饰。但是，良渚文化镂雕工艺出现的意义，在于早在新时期石器的晚期，就已经完成了玉器琢制（不包括光工）对工艺制作难度的最终拓展。纵观之后至今的数千年玉器制作，玉器纹饰的表现始终是以阴、阳线刻为基本手段，以镂雕为琢制工艺难度与纹饰美化难度的提升标榜，尽管元、明、清三代玉器琢制已经逐渐将深浅浮雕与镂雕推向了纹饰层次制作的极致，但是其取悦于佩戴者的设计初始动机与琢

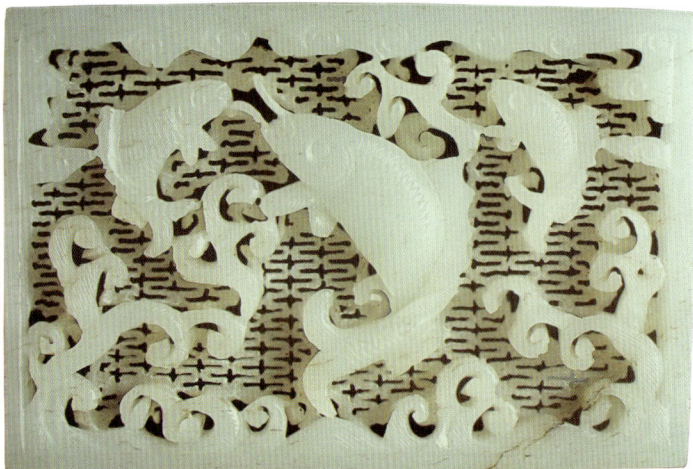

○ 明 白玉镂雕带板

○ 明 白玉镂雕带板

制的基本原理仍与良渚先民保持着高度的一致性。即使在当今的玉器收藏人群中，仍有许多人非常喜爱带有镂雕工艺的玉器，视之为具有"精雕细刻"与"玲珑剔透"做工的典范作品。可见，从良渚文化开始至今，带有镂雕工艺的玉器始终受到人们的喜爱。乾隆皇帝对艺术品的感觉绝对是相当专业的，他很喜欢繁缛复杂的纹饰出现在作品中，而且常常能够达到界面纹饰饱和的极致，譬如粉彩瓷器的"百花不露地"和铜胎掐丝珐琅器的装饰风格，无不是以密不容针为最佳的设计效果。所以，乾隆喜欢传统玉器的镂雕应是情理中的事。

❀ 镂雕设计的目的

镂雕的出现，至少在明代就已经分化出了两种设计目的：第一增加了纹饰的立体层次感，这是明以前历代镂雕作品的设计初衷，属于纯装饰性的。

第二为了剜掉玉料上的瑕疵所进行的必要手段，这种镂雕玉器的主要特点是镂雕的存在意义不明确，材质在镂雕中受到大面积的损伤，甚至千疮百孔。明清两代有不少流传在民间的和阗白玉镂雕作品就是这样，有经验的收藏者往往会高价收藏前者，而不屑于后者。

🔖 镂雕作品泛滥成灾

在乾隆嗜尚的影响下，清中期玉器制作镂雕泛滥，甚嚣尘上。为了取悦于皇帝的欢心，玉匠们竟然把进贡的和阗玉容器莫名其妙地镂雕了，在镂雕作品高频率出现的强视觉刺激下，乾隆皇帝终于"反胃"了，《高宗纯皇帝实录·卷一四五八》记录了他在乾隆五十九年（1759年）时发布的一条有关的禁令：

近来，苏、扬等地呈进物件，多有镂空器皿，如玉盘、玉碗、玉炉等件，殊无所谓。试思盘、碗均系贮水物之器，炉鼎亦须贮灰方可燃熏，今皆行镂空，又有何用？此皆系该处奸猾匠人造作此等无用之物，以为新巧，希图厚价获利。而无识之徒，往往为其所愚，辄用重赀购买，或用价租赁呈进。朕于此等物件从不赏收。

……甚至回疆亦效尤，相习成风，致使完整玉料俱成废弃。

……着传谕扬州、苏州盐政、织造等，此后务须严行敕禁，不准此等奸匠仍行刻镂成作。

乾隆皇帝已经明显地对镂雕作品表现出极度的厌烦，在乾隆朝晚期仿古玉器大昌之后，镂雕作品就相对少见了。

🔖 镂雕作品减少的原因

这里有一个关于镂雕玉器收藏的辩证问题，乾隆在晚期对镂雕的深恶痛绝，主要由两点所致：第一是玉器在类别的比例上出现了失衡。以常规而言，玉器以平面雕琢为常态，因为这

○ 清中期 白玉龙纹牌子

○ 清中期 长宜子孙出廓璧

样可以在最大限度上保证和阗玉质质地的整体呈现，而镂空则是在这个常态下的一种别样工艺个案，如果镂雕的数量急遽上升，导致了原有常规类别上的不平衡，就一定会产生视觉审美上的疲劳，进而形成了事物的另一个极致面。

第二个原因是非理性的取悦。从辽、金、元开始，出现了大量的镂雕作品，这些镂雕工艺的出现理由是合理的，譬如在帽顶上镂雕出水草花瓣之间、动物与花草之间的空隙，一来加强作品的立体感，再有就是减轻帽顶的重量；在花片上出现"花上压花"，同样是为了减轻花片重量，不至于在佩戴时使衣服下坠，这些都是理性的镂雕。而把容器盘、碗、炉、鼎镂雕得形同筛子，就是一种令人讨厌的谄媚，必然要受到乾隆的斥责。

镂雕作品收藏上的问题

如果上述两点成立，那么从另一方面，又可以说明收藏上的两个问题：第一是乾隆对于镂雕玉器的态度是数量比例失衡所造成的，与制作质量无关。清中期镂雕玉器仍然保持着鲜明的时代特征，工艺处理细腻，整体精细程度远在辽、金、元、明诸朝之上。第二是镂雕与平面雕的数量比例尽管在乾隆晚期的御制器中失衡，但是在民间收藏品中，这一时期质好工细的镂雕作品依然少见，尤其是合理的镂雕，更是清代以降玉器收藏品中的重器。

对于清中期镂雕玉器的收藏选择，首先要关注的是玉质，没有优质的玉质做基础，雕工再精细也不会具有很高的收藏价值与交易价格；其次要注意观察镂雕部位立面的光工，一件精品镂雕玉器，一定不会忽略对这个部位的打磨。相反，如果在一件玉质很好的镂雕玉器上，镂雕部位的立面光工不佳，就很难被认为是精品，也有可能不是清中期而是清早期、明代或更早时代的作品。

白玉双凤带子玉珩

BAIYU SHUANGFENG DAIZI YUHENG

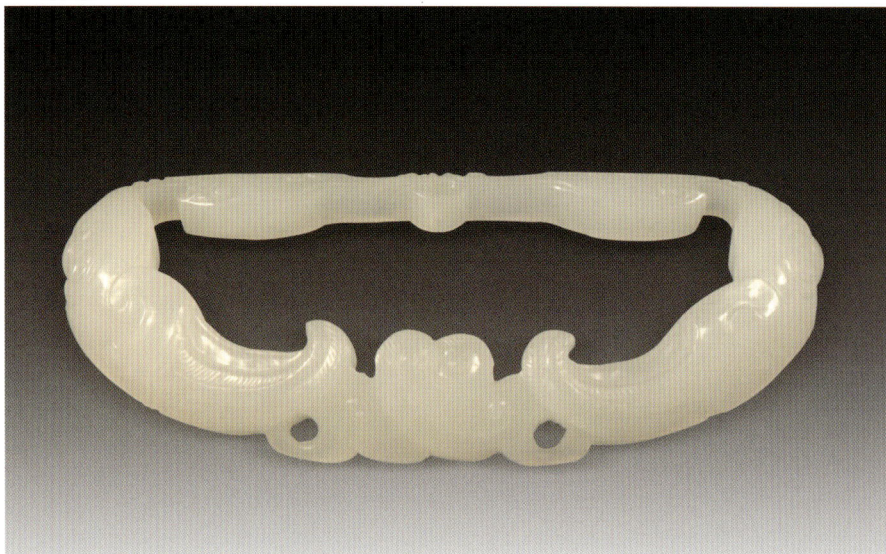

○ 名称：清中期 白玉双凤带子玉珩
○ 估价：30 万元

《说文》："珩，佩上玉也，所以节行止也。从玉行声。"这就是说玉珩是玉组佩中的一个重要的组成部分。那志良先生在《古玉鉴裁》一书中认为，玉组佩主要由珩、璜、冲牙、珠器形等构成。珩的作用是位于组佩最上边，起提纲挈领的作用，珩下有组绶，两边系璜，中垂冲牙。珩、璜和冲牙之间贯穿多颗珠，以增美观。据《玉藻》所言，

玉珩的材料是有等级区别的，天子用白玉玉珩；公、侯用山玄玉玉珩；大夫用水苍玉玉珩，这是西周乃至战国时期对玉组佩中的珩的介绍。

这件玉珩是一件清中期的仿古玉器，材料的质地是级别很高的新疆和阗羊脂白玉，从表面观察，玉质通体莹润，洁白无瑕，白中微透粉色，细嫩而皎洁。这种等级的羊脂玉极其少见，之所以被设计雕制成玉珩，将中

间大面积挖去，估计原因不外有二：一是羊脂玉一般都伴生着墨玉，有可能中间部位是质地不纯净的墨玉，但是本件作品无墨玉痕迹显示；二是在这块材料的中间，有着较大面积的瑕疵，如果不是这种材质上的原因，设计者绝对不会将中间掏空。但是在有些特殊需要的宫廷的作品中，往往也会不惜工本来达到设计美学的需要，达到尽善尽美的境界。所以，在实际收藏中，玉器雕工的精细程度固然重要，但是，还要注意分析对材料的取舍以及所剩材料的重量，在明清时期，有许多雕制精美的花片，并没有太高的交易价格，原因就在于为了剃掉材质上的瑕疵，将作品镂雕得几乎"没肉"了，这是需要注意的地方。对于这件羊脂玉珩，如果是一块同样大的圆雕，大概交易价格会达到现在估价的数 10 倍。

这件凤形玉珩是两只冠尾衔接的凤鸟造型，扁喙而圆目，由钩云纹和如意纹作为主要纹饰，扁喙变形夸张，由三个台阶连接一抽象的小凤，中间有如意纹分隔，并在两个如意中间挖孔，便于坠饰其他的组玉构件。凤翅则是用璜形示意，内有"人"字纹的纹饰以示羽毛，身体部位则是用隐起的浅浮雕连云纹，充分展示出玉质的光洁白净，强调玉质的质感、美感。凤的尾部全部用叶脉纹的细刻阴线，密密麻麻，排列整齐有序，尾端反翘下卷，两尾端之间也有一抽象的小凤连接，有两如意纹组成意示的凤纹，下缘有两个钻孔，斜钻孔有边缘修饰。

这是件典型的清乾隆风格的宫廷作品，所雕双凤带子纹饰，可推测是后宫所用或是皇后嫔妃的饰物。雕工精细，一丝不苟，整件作品细腻光滑，圆润逼真，其造型优美含蓄，线条柔和圆润，整个造型具有雍容华贵的宫廷风貌。这件玉珩的市场交易估价在 30 万元。

白玉竹梅双清花片

○ 名称：清中期 白玉竹梅双清花片
○ 估价：10,000 元

玉器的镂雕工艺一般来说有两种功能：一是增加玉器的雕琢工艺难度，借以提升作品的艺术价值，这类镂雕多见于清中期的宫廷制作，一块白玉质地很好，完全可以做保料工艺设计，但是却实施镂雕，这是典型的为了追求形式而不计成本的做法；二是为了去掉质地上的瑕疵的不得已而为之。比如一块温润的白玉上带有数个或者较多的黑斑斑点（这种情况经常会遇到，越是好的白玉，越容易出现黑斑），在设计时首先要考虑的就是在剜掉黑斑之后，如何形成巧妙的镂雕纹饰，这种类型的镂雕往往很琐碎，有时甚至镂雕得没有道理，多见于民间商品玉器。

还有一种镂雕作品，就是花片。花片在明清时期是装饰在帽子上、衣服大襟上的玉片，基本上都是用一些比较好的不成形的玉片下脚料，清中期好的花片有些甚至是用很好的籽料制成。从现在传世的花片来看，清代和阗玉质花片的材料质量很复杂，良莠不齐。花片既然是缝缀在衣帽上的装饰品，那么最基本的要求就是花片本身的重量必须轻。试想，如果花片比较重，缝缀在轻薄的绸缎大襟上，就会因产生明显的下坠感而不雅观。所以花片的造型特征主要是：第一，一定是单面工；第二，厚度一定要处理得很薄，但要适当，掌握在一定的范围之内，现在有不少传世的残损花片，就是由于过薄而导致的折损；第三，纹饰主题一般都是简单的花卉，以直观、漂亮、富于装饰性为主；第四，用料比较复杂，新疆的和阗白玉比较常见，但是质量差别较大，也有不少使用通透度较高的岫岩玉，显得靓丽，更富于装饰。

这件清中期白玉竹梅双清花片的材质就是新疆和阗籽料，镂雕得比较厉害，未作保料处理，说明原材质的瑕疵较多。这件花片的边沿依然锋利，

带有明显的清中期玉器特征，细阴线短而少，使用不多，主要用于装饰。比较重要的在于光工的欣赏：清中期的光工表现有两种，一种是出蜡样光泽，带有磨砂的视觉感觉。带有蜡样光泽的玉器多见于宫廷御制，以及收藏价值很高的玉器，其效果能显示出玉器的本质内涵，是最经典的，也是其他各个时期所没有的；另一种是继承了明代的光工特征，出硬光，但是没有明代硬光那样反射直接，甚至带有玻璃光，清中期硬光的特征是仍然带有厚重柔和的感觉，反射并不那么强烈。这件花片的光工正是这种硬光，在花片上出现，非常具有装饰性。

这件花片的背面处理的比较粗糙，没有任何光工处理痕迹，甚至还保存着开料时的台阶。在现在玉器的交易中，清中期的花片比较常见，收藏的标准以材质的种类和优劣作为收藏的区分点，玉料一定要和阗玉，而且要质地纯粹，白度要相对高一些。绝大多数的花片都不是和阗玉、质地不精纯、白度不够，这是一般的民间商品花片，收藏价值比较低，存世数量也很多，不适宜收藏。

这件花片的材质好，保存完整，属于比较少见的高级花片，市场价格约在 10，000 元。

○ 清中期 白玉螭龙璧

○ 清中期 白玉螭虎佩

清宫玉器与民间
玉器精品

清中期玉器收藏分类

　　清中期玉器的收藏（更确切地说，应是宋代以后的玉器收藏）大约可以分为两种：一是御用玉器；二是民间商品玉器。这两种玉器的最根本不同就在于玉质的等级差别：御用玉器的材质全部来源于新疆于田（和田）一年两次2000千克的春秋贡玉，玉料的质量构成单纯，都是顶级品，即使山料，其油润感也是与籽料伯仲不分的好料。而流通在民间的清中期玉器，质量的差别幅度就非常大，也相当复杂，总体的呈势是塔形，材质质量越好，存世量就越少；相反，材质质量差的玉器存世量很大，这是清中期玉器收藏在玉质方面的一个特征。

　　在具有典型清中期制作风格的玉器中，中等以下材质质量的玉器属于非御用玉器（清宫中陈列的大型玉器如"大禹治水山子"等，由于耗材硕大，所以玉质也并非上乘，这与一般玉器的材质特点是有区别的，不能一概而论），这是一般的鉴定常识，仅凭对玉质这种的判断，就可以知道玉器的出身，这是毋庸置疑的经验之谈。问题是，在民间一旦出现玉质、雕工都堪与故宫所藏清中期玉器媲美的藏品时，绝大部分收藏者就会怀疑是否有仿清中期的可能。

清中期宫廷玉器的流向

　　清中期——也就是乾隆后期的御用玉器是否有流向宫外的可能，我没有见到有关的记载，不敢贸然肯否。至于清末民初溥仪兄弟的梁上苟且，其数量绝不足以形成一种收藏规模，不在本文讨论的范围之内。我们研究清中期玉器，最重要的文献资料就是乾隆皇帝留下的那四万首御制诗的结集——《清高宗御制诗》，我们发现乾隆在不少诗中保留了真实而原始的有关玉器制作、收藏等方面的状态，为我们后代研究这一时期玉器的收藏特征提供了珍贵的资料。民间是否藏有与御用玉器相同水平的藏品，我们可以从《清高宗御制诗》中得到推证。我们在前面引用了乾隆《咏和阗玉汉兽环方壶》诗，诗中有"凡涉华器概从摈"的句子，意思很直白：凡是带有奇巧俗样造型的玉器进贡，一律拒之门外，以示厌恶至极，一眼都不想看到。在《题和阗玉璧》的原注中，也有"俗样者，多摒弃外间"的字样。"摈"、"摒弃外间"淋漓尽致地表达了乾隆对俗样的憎恶之情外，又为我们留下了一个悬念：那些被"摈"或被"摒弃外间"的玉器哪去了？

🌀 流向民间的宫廷玉器

明清两代，烧造御用瓷器的景德镇窑厂有明确的规定，凡是不合格的官窑瓷器一律就地销毁，不准流向民间，所以现在观察景德镇明清官窑窑址，可以发现大量的官窑瓷片堆积层。和阗玉材尽管在清中期的供应量不像清晚期那样捉襟见肘，但是同样并不十分充裕，这在前面已经讲过，虽然我们尚没有见到乾隆对于拒收的玉器规定的处理方法，大概不会像官窑那样即时毁掉。

既然没有销毁，就一定流向了民间（包括清廷的高级官员），成为民间藏品。而那些玉器被"摈"或被"摒弃外间"的原因仅仅在于"俗样"，玉质、雕工都与其他贡玉的各种标准完全相同，留在宫内称为"御用玉器"，逐出宫外的则是"民间藏品"。如果这种推论成立，那么，在民间收藏有御用等级的清中期玉器，是很正常的。

收藏这种水平的玉器，重要的特征不在于造型与刀法，而是对于玉质的判断，按照正常的规律，好玉的琢制必由好的工匠操刀，只要玉质与清中期贡玉的特征相符合（需要注意的是，玉质也存在着时代的不同），就基本上可以认定这件藏品的等级水平属于精品，收藏者或交易者不一定再孜孜于是否带有御用玉器的传承出身。

白玉扇形花蝶坠

BAIYU SHANXING HUADIE ZHUI

○ 名称：清中期 白玉扇形花蝶坠
○ 规格：5.2cm×6.5cm
○ 估价：15 万元

清中期的玉佩件，尤其是用优质和阗玉制成的佩件，基本上都是左右能够对称的造型，如长方形或正方形，也有一些是能够对称的异形如腰圆形。而那种不对称造型的佩饰比较少见，比如上图的这件扇形玉佩。

这件扇形花蝶玉佩是用和阗白玉籽料制成的，玉色莹白，雕工细腻，油润性表现强烈，轻轻在手中盘抚即可见好玉特有的润泽光亮。

这把扇子显然是女扇，八根扇骨支撑展开，正面是两只造型各异的蝴蝶，笔者认为是雌蝶和雄蝶。雄蝶伸展着美丽的长翅，躬身紧缩后部，显示出那种虔诚、恭敬的神态；而雌蝶，翅膀被重叠成三页，呈"山"字形，头微翘，有点高傲的样子，两根蝶须飘逸地弯曲，应该是一幅凤求凰的爱情画面。

值得介绍的是，两只浮雕蝴蝶的下面是平整的地子，地子的处理水平往往是考量是否乾隆工的基本依据，浮雕下面的地子需要铲低，尤其是大面积的铲低，在实施光工的时候，技术稍不过关，都会导致平地有波浪痕的折光，当迎光侧视的时候，尤其明显。可以注意观察所有铲地的作品，可以发现其中不同的时代工艺表现。

扇面上的那两只蝴蝶的翅膀用多重纹饰来修饰，有网格纹在翅膀的上部，中间是排列有序、长短不一的阴刻短细线，而翅膀的后面是排列在边缘的阴刻圆孔。雄蝶翅膀的圆钻孔有8个；而雌蝶则只有4个。雄蝶的眼珠凸出，两颗触角叉开，身体弯曲，在竹叶纹的修饰下，显出质硬中带有的柔感。而雌蝶的身体部位则被三个翅翼遮住了，更显示出娇柔和优雅。两只蝴蝶的浮雕是出廓的，就像瓷器中的过墙纹一样。在玉器中，出廓的这种艺术修饰手法还是比较别致有张力的。扇形玉佩的背面是一幅阴线雕刻的、造型很有古意的兰花和两朵婀娜多姿的并蒂花朵绽放开合，显示出春天的生机。这件艺术品目前的市场价值大约在15万元。

羊脂白玉螭龙挂件

这是一块油润度很高，极其细腻白糯的羊脂白玉挂件，外造型随原籽料的形状雕成，上面微敛，厚薄适中。挂件的背面无工，充分展示出羊脂玉的玉质优势，用放大镜仔细观察，可见上面一层硬硬的包浆，如橘子皮一样厚重，这是乾隆玉器磨地光工的典型特征。挂件上雕有两条螭龙，上下相望，应该是苍龙教子题材，大龙在左下方，四爪攀壁，抬头望着小龙，圆眼，双耳叶形向后笋起，龙尾较长，前细后粗，显得很有力，但不失优雅之状。右上的那条幼龙体形纤细，毛发后扬，身子呈"S"型舞动在玉器壁上，形态雅致，尾巴盘卷向上，形成一个像鼻孔的门眼。

这件挂件的材质极好，玉人为保料而没有更多的琢刻纹饰，仅有"君子、比德"四个字，下落草书"子冈"款。字是剔地阳雕，隶书，笔画铿锵有力，字字相间均匀，比例适度。这件作品目前的市场价大约在40～50万元之间。在2003年的价格是7万元，可见其上升的幅度之快，令人瞠目。

○ 名称：清中期 羊脂白玉螭龙挂件
○ 规格：5.5cm×3.6cm
○ 估价：40万~50万元

白玉卧马摆件

○ 名称：清中期 白玉卧马摆件
○ 规格：8cm×5cm
○ 估价：150 万元

清代中期玉器从纹饰风格上可以分为两类：一类是素面玉器；另一类是器表面带有丰满而复杂的纹饰。这两种玉器风格的欣赏角度是不同的。带有复杂的纹饰，主要的欣赏点在于雕琢的工艺难度与设计风格，这类玉器的特点是看起来很热闹，雅俗共赏。但是从内行的视角分析，其用料其实并不纯粹，如果在质地上存在着斑点、绺裂、玉性等有碍观瞻的瑕疵，都可以在纹饰的雕琢中化尽（当然，我们这里指的是上等的和阗玉而言，上等和阗玉并不能排除质地上的瑕疵）。而素面玉器主要欣赏的是玉质与表面的光工。比如这件白玉卧马，几个主要大面都光素无工，对于最后抛光的要求极其严格，任何一点的技术失误或者程度不够，都会很直观地暴露出来，没有任何一点隐蔽处。从这个意义上讲，素面玉器的工艺价值并不低于带工玉器。至于有些朋友收藏专挑带工的，其实是一个误区，带工的玉器数量绝对高于素器。带工的玉器必须借助纹饰来掩盖质地瑕疵，而素器则必须选用完全没有瑕疵的上等玉材雕制，如果再从材质的质量上讲，素器的价值要高于带工玉器。清中期玉器的材质有两极分化，宫廷玉器与高档玉器的用材均为上等的和阗料，一般民间流通的商品玉材质参差。这件白玉卧马的用料是一级的和阗籽料无疑，应该属于清宫的御用玉器，卧马的大块面都呈素面，光工水平相当高超，将和阗玉质地的温润油润的感觉完全表现了出来，出蜡光光泽，代表了清中期宫廷玉器的一般水平。

从造型上来看，马卧地的姿态是前肢半跪而后肢半蹲，将后胯的肌肉面突出出来。马鬃用极细的阴刻线刻出"人"字形，向两旁分开，每行分六排。前额上有一排"八"字形披散呈刘海飘拂。马眼是滴水形的杏眼，眼珠滚圆，眼角有长的眼线，双眼皮，雕工精致入微，方形嘴巴微张，面颊丰满，中脊线两旁对称，肌肉感厚实丰满，前甩在腹部的尾巴是细毛雕纹饰，丝丝不乱，宫廷玉器的出身可见一斑。

近年来，肖生玉器的价格不断攀升，1997年佳士得拍卖的一件清中期的小兔子，尺寸仅在4厘米左右，玉色比较白，成交价是100多万元。这件具有清宫做工特征的玉马，尺寸比1997年的清中期小兔子大了一倍，其身价按目前的市场价格来判断，应该在150万元左右。

○ 清中期 白玉凤纹瓶

○ 清中期 白玉兽首八环盖瓶

白玉凤凰扁壶

BAIYU FENGHUANG BIANHU

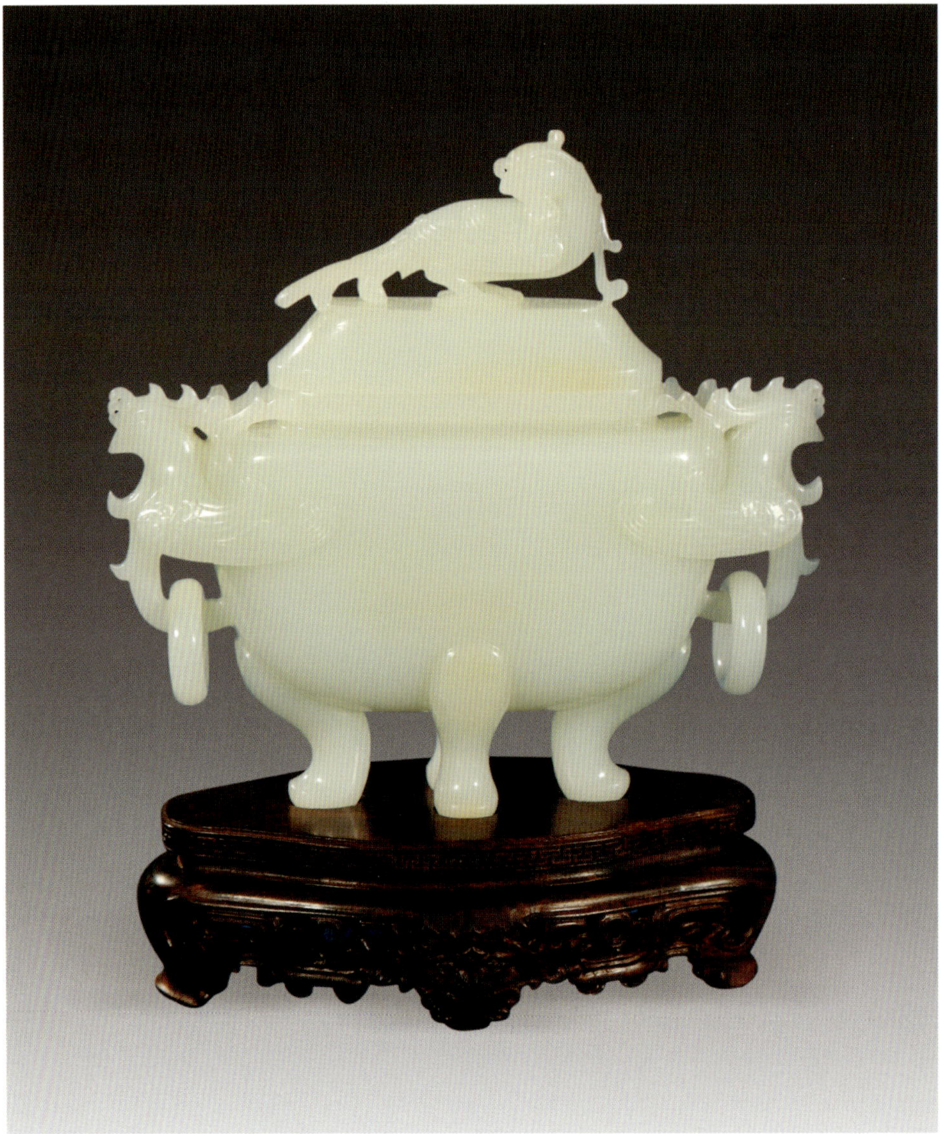

○ 名称：清中期 白玉凤凰扁壶
○ 规格：15cm × 16cm
○ 估价：300 万元

清代玉器与清代瓷器的发展有所不同，清代瓷器的发展历史很明确，比如青花，我们不仅可以从常规的胎质、器型、纹饰看出时代的区分，而且每个时期钴料的产地不同，也能帮助我们进行科学的断代。而玉器很少能有严格意义上的断代，宽距离的时代间隔比较容易划分，比如元代与清代的风格、玉料材质是明显不同的，断代比较容易；而对于清代来说，假如我们以清代中期为轴心，来鉴定清早期与清晚期的作品，就不是一件容易的事了。理论上讲，清早期的玉器风格靠近明晚期，清晚期又与民国相接近，但是在实际操作过程中，由于从明晚期到清晚期这一阶段，琢玉工艺的发展没有十分明显的阶段性特征，即使是典型的乾隆工，也是多发生在宫廷玉器设计制作之上，一般民间商品玉器的时代风格并不明显，比如纹饰繁缛是清中期玉器的一大特征，但是商品玉器与御用玉器的不同点还在于商品的成本，不可能与御用玉器同样繁缛精细，所以即使是时代特征非常明显的清中期玉器，在断代的过程中也总还是带有一定的模糊意识。作为收藏，还是要以断代特征鲜明的藏品为主，而对那些不"开门"的藏品要择优而藏。

这件白玉凤凰扁壶是用和阗籽料制作的，属于一级白玉。设计结构分上下两节，上部的盖钮设计有一只凤凰回首伫立，双翅并拢上下分叉，有多层阳线的弦纹修饰，羽翅的上部是三组对称如意纹，尾部分叉成四翎羽毛，细阴线雕出极其细密的羽纹，非常精致。壶身用两凤为耳，并带有活连环。凤凰高喙，双翅分开，翅上有展开的体现。羽翅的装饰也同壶盖一样，两组纹饰阴线弦纹工艺，只是翅尖的羽毛上卷，与上部静态的表现不同的是有动态的表现。凤凰的胸设计出两条扉棱，随后悬挂活环。底部是四足，对称而立，稳重得当，有一足还留有原生的籽料黄皮。

和阗籽料现在一石难求，据说在玉器交易中，好的和阗籽料已经是论克交易，每克多在千元以上，即使如此，现在要买到一块上好的大料，也是几乎不可能的。这件白玉凤凰扁壶应是清中期的后宫陈设品，材料上等，工艺一流，精细无可挑剔。在2004年时的市场价是20万元左右，现在保守估计也应达到300万左右。

白玉凤形帽饰

帽饰是古代装饰帽冠的一种装饰玉，有两种形式：一种是片状，多见镂雕单面雕法，主要是平面缝缀在帽冠墙上。片状帽饰很容易与缝缀在衣襟上的花片相混淆，在称谓上，如果不去严格地区分，一般都称为"花片"。花片的用料一般都比较好，只是镂雕的地方太多，雕工显得很细致，受到外行人的喜欢，一般内行不太收藏；另一种是圆雕，也以镂雕为常见，主要缝缀在帽冠的顶部，也叫"帽顶"。帽顶在辽、金、元时期多用来装饰游牧民族的毡帽，进入明代以后，由于汉民族很少戴毡帽，所以辽、金、元时期流传下来的帽顶相继改作他用，用来镶嵌在熏炉的盖上，又称为"炉顶"。由于清代关外的满族人也有戴毡帽的习俗，所以有一些数量很少的帽饰流传，只不过在造型上有了明显的时代风格变化，造型上没有了辽、金、元时期的场景情结，显得题材单一而突出了装饰效果。清代的帽饰与一般意义上的把件仅从外造型上看不出区别，这两种器类的主要区别在于，一般的把件是纯粹的圆雕，不做其他用途；帽饰在完成圆雕雕琢后，为了减轻重量，往往做掏膛处理。只要是缝缀在衣服帽子上的玉质饰品，一般都会进行减重的处理，主要的形式就是大面积的镂雕和掏膛。

这件凤形帽饰应是宫廷贵妃的用品。取材上等和阗籽料，质地润泽、温和，不见有任何玉绺裂的瑕疵。按照常规，商品玉制作使用像这样的上等和阗籽料都会尽量作保料（即保证作品雕琢后留有最接近原坯的重量）设计，绝不肯用这样的玉料掏膛。只有不计成本的皇室用玉，才会显得这样奢侈。所以我们可以基本上认定这件鹦鹉形帽饰的出身，应该是皇室用玉。

这件帽饰的造型是一只凤凰，翅羽之下的掏膛很深，中间留有一块小圆璧、上饰乳钉纹，以蒲纹为底，中间有穿鼻眼，两面有对穿的象鼻孔。凤翅上用阴线雕羽毛纹，线条密集，刀刀见力，阴阳交错，羽翼复叠，尾翎分叉，基本具备了鸡头、燕啄、龟颈、鳞翼、鱼尾，其状如鹤的描绘，尾翼和双翅连接处用如意纹来表现。中间部位无工，仅用几条阴刻线来表示脊羽，两肩部位雕有涡纹和灵芝纹，头

部圆眼凸出，阳雕凤冠，喙呈秤钩形弯度，口微张见舌，可悬挂珍珠、宝石之类饰物在其下，别具匠心。整个构思大气华贵，琢制精巧工致。2005年的拍卖成交记录是 5 万元，目前的价格应为 50 万元左右。

○ 名称：清中期 白玉凤形帽饰
○ 估价：50 万元

白玉月中丹桂纹圆牌

BAIYU YUEZHONG DANGUIWEN YUANPAI

○ 名称：清中期 白玉月中丹桂纹圆牌

○ 规格： 4.2cm（直径）

○ 估价： 80万元

清中期玉器与之前的玉器在纹饰设计上有一个很明显的断代区别，那就是清中期玉器的纹饰设计有了画家的参与，尤其是有着宫廷身份的玉器纹饰。纹饰的整体设计风格上有了意识支配下的中国画章法布局，讲究启、承、转、合的元素设置，这是清中期之前所没有的。

这块玉牌子的画面布局，其实就是中国画中的画树法，近景是土石上栽一颗桂树，中景是右侧的山脚，远景是右上方的钩云，近景与中景之间是大块空白，这是中国画水面的独特留白方法，计白当黑。右下方是款识："月中丹桂"，下有"冈"字白文印章。整个纹饰设计就是一幅完整的中国画，构图严谨，繁简对比适当，基本上不存在技术瑕疵。这样的构图在清中期的民间玉牌子很少见到，即使有，也属于无意识状态下的巧合，一般不会这样严谨。因为民间的商品玉器设计基本上是由匠人亲为，不可能设计出这样高水平的构图。仔细欣赏画面构图韵味，近景一两株枯树，中远景隔水岸坡，画面元素简单率意，与乾隆皇帝欣赏的画风相吻合，可以证明这块牌子清中期宫廷的出身。

这块玉牌子有一处设计很重要，就是那方"冈"字白文印章。刻有"冈"字印章，说明这块牌子的初始意图是仿子冈牌。明代陆子刚（冈）雕制的玉牌子传世很少，清代中期的宫廷藏品有多少不可知，据说现在北京故宫所藏的陆子刚（冈）真品玉牌子也极其罕见，民间流传的子冈牌无一真品。在我们的印象中，凡是子冈牌都应该是长方形的，而且边长的比例比较固定，圆形牌不被认为是子冈牌。我们从这块圆形牌的玉质、雕工以及画面韵味上都能感觉到，这是一块带有清中期宫廷出身的牌子，应该是有真品子冈牌作为造型设计标本的，即使是出于乾隆皇帝本人的设计，也不会脱离原器物标本随意而为。据此我们可以推测，至少在清代中期的宫廷藏品中，的确有过圆形的明代子冈牌真品。这一点对于子冈牌的研究很重要，至少可以将子冈牌的造型范围拓展的更大一些。

○ 清中期 白玉卧犬

○ 清中期 白玉象带扣

仿古玉与赝品古玉

什么是仿古玉、赝品古玉

　　按照常规的说法，所谓"仿古玉"，就是对之前古代器物（包括古代玉器）的玉质仿制品，意在以继承发展为宗旨的仿制，而不是以欺骗为目的照搬照抄。譬如乾隆的御制仿古玉器，由于不是商品的制造，所以谈不到以假乱真的欺骗，这就是"仿古玉"；所谓"赝品古玉"，也是按照之前的古代器物（包括古代玉器）的玉质仿制品，所不同的是，赝品古玉的制作目的在于以假乱真的欺骗，所以粗制滥造，没有仿古玉器精细。譬如地摊上的那些"古玉"。这种常规说法是不科学的，原因只有一个："仿"与"赝"的标准具有不确定的游离性，不能衡定一个概念的所属。"仿"与"赝"的一个共同特征就是"复制"，复制的结果好与不好，与复制者的从业技术有关，是相对的；与复制品的性质没有必要的关系。而仿制者的原始心态又不可能存在真实的记录，所以我们不应该根据仿制者的身份来决定作品的性质归属。

　　在《养心殿造办处各作成活计清档》中，我们从中发现了乾隆皇帝在乾隆八年（1743年）十一月初十有关仿古玉的文字记录，由太监胡世杰传旨：

　　要交出《考古图》白玉马、仙人、碧玉虎呈览，钦此。

　　于本日将碧玉虎一件、随未做成座一件、白玉仙人一件、白玉马一件持进，交太监胡世杰呈览。

　　奉旨：

　　将碧玉虎持出，在左腿里怀刻"十三"，其座仍配，秀气些。座上面刻隶字："宣和御玩"、底面刻篆字："伯时珍藏"。其白玉仙人留下，烧造颜色，白玉马亦持去配座。钦此。

上面的记录记载了在乾隆仿古玉中，既伪造了仿古玉器的传承历史（"宣和"是宋徽宗的年号，"伯时"是北宋末年著名的鞍马画家李公麟），又在仿古玉上伪造沁色，与现代古玉造假的行为程序完全一样，只是因为发生在乾隆身上，不能与"赝品"有联系，才称之为"仿古"。可见，"仿"与"赝"认定标准的不科学性在于因人而异。

其实，"仿古"与"赝品"是两个不同适用的概念，完全可以用在同一个物体上。譬如：张大千在练笔的过程中，临摹了一张石涛的山水画，我们称这幅画为"临本"，也可以称"仿品"；后来他将这幅画按照真石涛的价钱卖给了老画家陈半丁先生，陈先生因为轻信了张大千，所以未加识别就按价付钱买下，这时，我们就应该称这幅画为"赝品"，也可以称"假石涛"；后来，这张画因此名声大振，为某博物馆收藏而展出，所以又称"馆藏品"和"展品"。同样一幅画，由于其传递或存在的社会背景不同，命名也就完全不同。

玉器是"仿古"还是"赝品"，同样取决于这件玉器本身的传递或存在的社会背景。上面所记录的那件带有伪"宣和御玩"和"伯时珍藏"款的，以及烧制有假沁色的仿古碧玉虎，如果是乾隆为自己制造的掌上尤物，或者以仿古玉器的价值赏赐给大臣，那就是"仿古"；如果是按照曾经宋代皇帝名臣收藏的真品价值赏赐，那就是"赝品"。后代按照乾隆朝代的玉器定价交易，就是"乾隆仿古"；而按照古代玉器定价交易，那就是"赝品"。

从上面的分析可知，"仿古"与"赝品"在制作与传承这两大过程中可以不断异化，制作初衷的仿古，可以被后来的交易异化成赝品；而原本就是为赝鼎的假货，也有可能成

○ 清乾隆 白玉爵杯

○ 清中期 白玉狮钮鼎式炉

为"仿古",这种异化的根本不在于仿制水平的高低,而在于对这类玉器的认识水平与传承身份的真实性。在现在民间古玉的收藏中,真正的乾隆仿古的流传量不大,出身好的仿青铜礼器更是罕见,比较常见的是清中期民间的仿古玉器,这些玉器可能在当时就是用来冒充古玉的赝品,现在我们的鉴定水平完全可以正确判断。作为玉制作鼎盛时期的仿古玉器来把玩收藏,这时,制作的初衷似乎并不重要了,所以就不必要刻意去计较是"仿古"还是"赝品"。

仿古玉分类及特征

对于清中期玉器收藏,最费周折的其实不是鉴定,因为真伪、断代都存在着可靠的标准器与鉴定标准,凡具备一定收藏经验的收藏者一般不会有太离谱的失误,问题比较大的是如何界定这一时期的仿古与赝鼎。

清代中期,乾隆皇帝为了纠正"玉厄"(即前面所讲的譬如繁缛奇巧的俗样、毫无意义的镂雕以及为了保持玉器的重量而进行的不合理纹饰造型设计等),矫枉而过正,大力提倡玉器造型、纹饰的仿古。乾隆仿古玉的美学主张很明确,在乾隆五十三年(1788年)的《咏白玉如意》中提出了"良材不雕",乾隆四十七年(1782年)《咏和阗玉盈尺璧》中提出了"古尚简约",这两点在微观的理解上有所不同,宏旨则是返璞归真,删繁就简,不允许再有不合古意的奇巧俗样出现,"不教俗手为新样,玩物仍存师古情"(乾隆四十七年《咏和阗玉龙尾觥》)。从我们所观察到的乾隆仿古玉器造型,主要可以分为两大类:

第一类是仿商周时期的青铜器,譬如鼎、彝、樽、爵、觚等，从现在可见的乾隆仿古玉器上观察，这类仿古玉极有可能是以原青铜器为直接仿制的蓝本，造型按照比例缩小，纹饰基本上达到了"对临"的还原水平，可以视为赵宋以来仿古玉器的最高水平。赵宋以来至民国时期坊间的仿古玉基本上没有原器作为参考，甚至不少仿制者根本没有见过青铜原器，仅靠《考古图》等文人绘制的线描图仿制，在造型纹饰的还原上与乾隆仿古不可同日而语。如果能够对三代青铜器有比较深入的了解，就不难判断出一件仿古玉器的出身渊源所在。具有宫廷出身的清中期仿三代青铜玉器，是古玉收藏的重器，真品流传在民间的数量极其稀少，大部分收藏者终生无缘一睹真面，收藏价值极高。

第二类是仿商、周、战、汉时期的玉器，多见仿战国时期的蒲纹璧、两汉出廓璧以及鸡心佩、璜、剑饰等，这类仿古大概也是以实物作为蓝本对仿，造型纹饰没有明显的失误。由于乾隆皇帝的仿古目的在于矫枉过正，注意强调仿古玉器制作过程中的"良材不雕"和"古尚简约"，所以在纹饰的还原设计处理上，往往比原器简单疏朗，譬如玉璧上的乳丁纹，清中期的仿古就比汉代的疏落，云纹、蟠虺纹的仿制分布都具有这个特点。清中期与商、周、战、汉时期的玉器的制作工艺、工具和设计观念、美学思想都发生了一些变化（注意：不是不变），所以清中期的仿古与古代玉器相比，纹饰、刀法、光工都带有清晰的时代特征，只要将这两个时期的玉器并案相比较，就会发现上述的不同。

对于我们现在的实际收藏而言，清中期的"仿古"与"赝品"已经并不重要了，如果从这两者的质量呈现上看，制作初衷对于仿制质量的影响是决定性的。真正的乾隆仿古玉器

至少要满足这样 4 个条件：一是玉料多是上等的和阗玉，虽然未必都是籽料，即使是山料，也是顶级品。二是观感上要符合古玉所具有的材质特征。三是造型、纹饰均有所本，模仿严谨，不可能出现拼凑纹饰与臆造器型的现象。四是各种工艺处理细腻，没有丝毫粗糙敷衍的地方，琢制与光工凸显出鲜明的清中期风格。要达到上面的这几点，就需要支付很高的时间成本与制作成本，这是有别于赝品的根本区别。

🌀 仿古玉与赝品古玉的区别

乾隆皇帝在乾隆十八年（1753 年）所撰写的《御治玉杯记》是最为原始而重要的第一手资料，为我们提供了清中期仿古与造假在时间上的区别。原文是：

玉杯有鼍（tuó）其采、绀（gàn）其色而其文者。骤视之，若土华剥蚀，炎刘以上物也抚之留手，饘饡（zhān zàn，浓稠的粥）非内出。以视玉工姚宗仁，曰："嘻，小人之祖所为也。世其业，故识之。""然则今之伪为汉玉者多矣，胡不与此同？"曰："安能同哉！昔者小人之父授淳练之法，曰：'锺氏染羽尚以三月，而况玉哉！'染玉之法，取器之纰类且窊（wǎn，小孔）者，时以夏取热润也，炽以夜阴沉而阳浮也，无贵无瑕，谓其坚完难致入也，乃取金刚钻如钟乳者，密施如蜂虿（chài，蝎类毒虫，这里指毒针），而以琥珀滋涂而渍之，其于火也，勿烈勿熄，夜以继日，必经年而后业成。今之伪为者，知此法已鲜矣。其知此法，既以欲速而不能待，人之亟购者又以欲速而毋容待，则与圬者圬墙又何以殊哉！故不此若也。"宗仁虽玉工，常以艺事谂之，辄有近理之谈。夫圬者、梓人虽

贱役，其事有足称，其言有足警，不妨为立传，而况执艺以谏者，古典所不废，兹故隐括其言而记之。

出于不同的研究目的，每个人对这篇文章的理解、引用都有不同。我以为，从"仿古"与"赝品"的话题上阅读，该文至少为我们提供了清中期仿古与造假在时间上的区别。这一点很重要，仿古玉的沁色仿制，要"其于火也，勿烈勿熄，夜以继日，必经年而后业成"；而赝品则是"既以欲速而不能待，人之亟购者又以欲速而毋庸待"，这就是由于时间上的巨大差别而导致的成品质量差别。在实际收藏中，对于"乾隆仿古"玉器，我们我们一般经济实力的收藏者不要奢想有朝一日可以得到真品，而对于当时的赝品、现在的仿品来说，仿制质量的高低还是可以挑选的。

○ 清中期 老提油剑璏

白玉穿心龙挂件

BAIYU CHUANXINLONG GUAJIAN

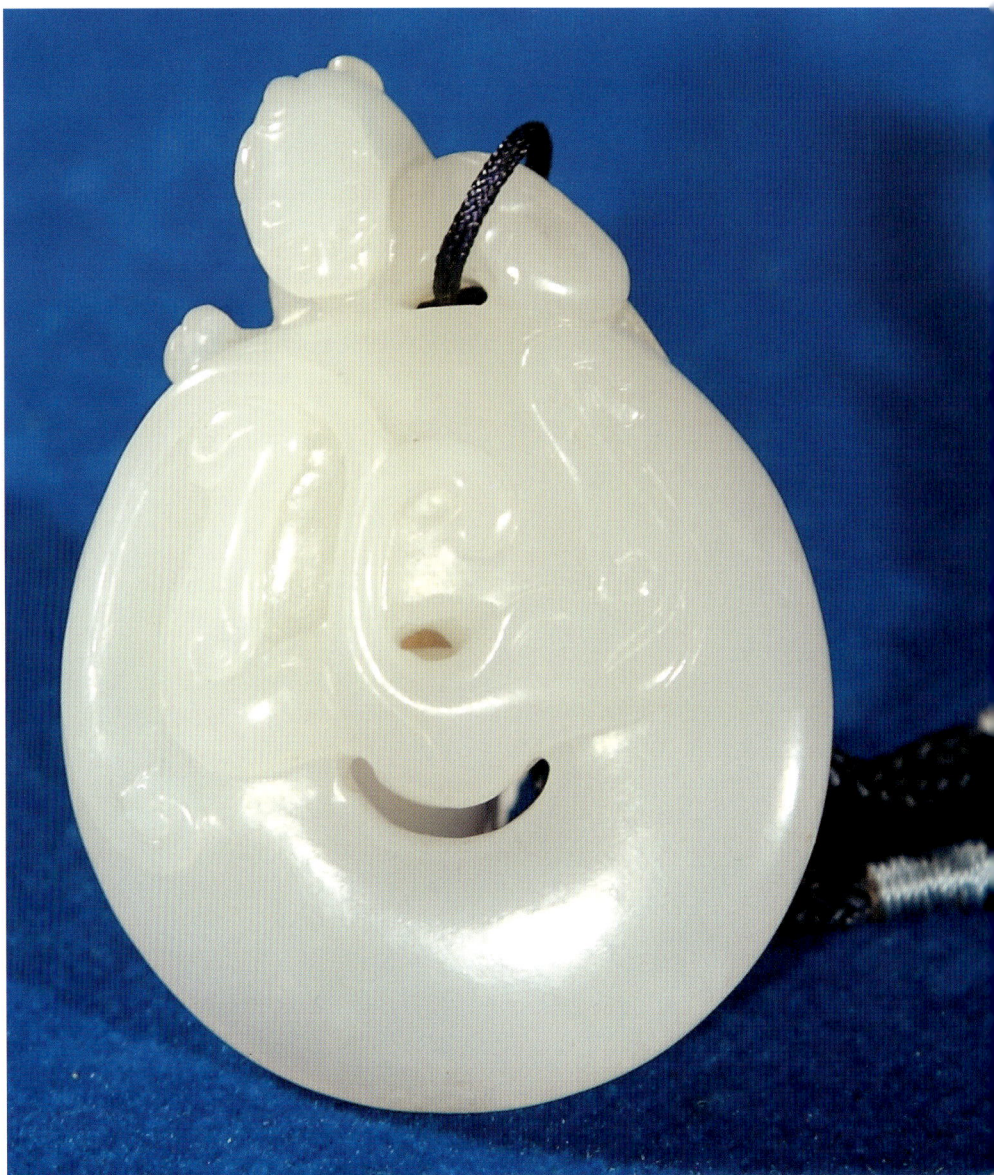

穿心龙是一种古代玉器的纹饰形式，至少在汉代就出现过穿心龙纹佩饰，乾隆玉器仿古玉器的特征之一是不泥古，是以古代纹饰、造型为依托，毫不掩饰本朝的时代风格，甚至将这种风格差异尽力地夸大与昭彰，从而形成了借古托今，以古为主要参照物的形式对比。笔者认为，穿心龙其实是在汉代鸡心佩的纹饰造型基础上发展而来的，汉代的鸡心佩器型从佩饰品的功能上来讲，并不十分适合佩戴，所以鸡心佩的造型只是在汉代得到了发育，之后的各代基本上不见再有制作。然而，到了乾隆时期，玉器对历史的复制几乎达到几乎达到了没有什么不可以制作的"起八代之衰"，在圆形佩饰上面设计出汉代鸡心佩常见的穿心龙，这就不是纯粹意义上的复古，而是以古为用，是乾隆玉器复古的另一种不常见的形式。

这件白玉穿心龙挂件的玉质洁白油润，油脂感极强。挂件的龙头高挂，端正直面前方，有两只前爪，脚趾清晰可见，在挂件的上方边缘上站立，身子从中间的孔处穿过，龙尾甩在后面，中段在前面向上伸展，后肢两腿形成绽开的火焰纹"山"字造型，漂亮而有张力，是典型的清中期龙纹纹饰。后面的细尾贯穿中心，缓缓落下，回旋有力，很有余味。这件挂件的材质是和阗玉中的籽料，造型生动而少见，古今结合缜密，没有任何牵强附会的地方，是乾隆仿古玉器的另一种风格。

○ 名称：清中期 白玉穿心龙挂件
○ 规格：5cm×4cm
○ 估价：20 万元

白玉仕女采蝶纹牌

○ 名称：清中期 白玉仕女采蝶纹牌
○ 规格：5.5cm×4cm×0.6cm
○ 估价：80 万元

这块玉牌使用的是纯正和阗籽料，在洁白无瑕的玉色中微带暖色。牌的门头上雕有两条背向的夔龙。需要特别注意的是，现时高仿的清中期玉牌子，门头上的龙往往会出现头尾相对的设计，如果看到带有这种纹饰就需要格外注意，有可能是仿品（当然，从现在的市场行情考虑，新仿的作品价格未必逊于清中期的老藏品，如果注重的是真正的制作时代，就必须对断代有一个相对严格的界定标准）。牌子的主题纹饰是双线开框，下方一位仕女在梧桐树下，手执团扇扑蝶，这是清中期常见的玉牌子题材。牌子上的仕女发髻高盘，五官端庄，耳垂较长，身着长裙斜襟，腰上佩戴璎珞，裙围随地飘垂。一手执扇，一手背后，身子微向前冲。树下有鲜花朵朵团团，花上有两只蝴蝶展翅振飞。整个画面非常亲切、细腻。背面有阳雕书法，五行，行六字，隶书："自用金钱买槿栽，二年方始得花开；鲜红未许佳人见，蝴蝶争知早到来。"下落"子冈"一圆一方形白文篆书款。阳雕诗文的地子平坦，文字仍然飘逸洒脱，可见当年制玉人的功力。乾隆时期的子冈牌很多，但能仿的如此有味的不多，更何况此牌子玉质上乘，白度又高，雕工也很细腻，目前的市场价格大约是 80 万。

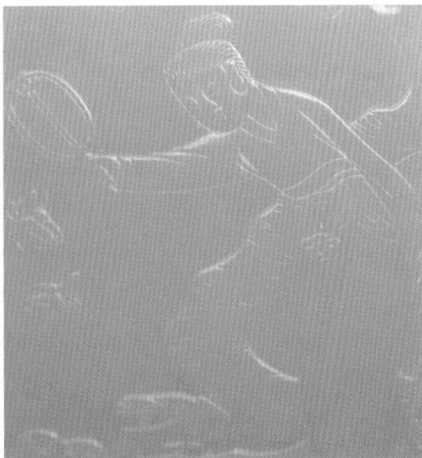

○ 白玉仕女采蝶纹牌（细部）

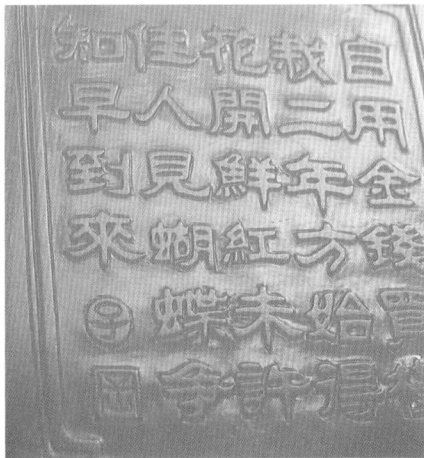

○ 白玉仕女采蝶纹牌（印文）

○ 清中期 仿战国白玉佩

○ 清中期 黄玉留皮雕鸳鸯佩

清中期仿古玉

清中期仿古玉的特点

清中期是学术界与收藏界公认的仿古玉器制造的巅峰时期，主要表现在以下 4 个方面：

仿古玉器的材质

杨伯达先生有过这样的一段论述：

从出土玉器可知，我国历代玉器所用玉材虽然在产地、品种上带有多元性、复杂性的特点，但是其时代性的主要倾向还是可以认识的，这是我们鉴别玉器年代、地域的根据之一。

古代用玉的特点就是材质的不划一，这是现代观察传世古玉制作年代的重要观测点。譬如三代时期的商周用玉，真正的和阗玉极其少见，只有在殷王室级别的妇好墓中才有了规模性的出土，一般级别的商周古墓很少出土真正和阗玉质作品，更多的是就地取材，各种玉石杂芜其间。而清中期仿古的选材则完全不顾及古代用玉的实际，所用墨玉、黄玉、碧玉等和阗玉仿制出的古玉基本不做旧，仅仿得古代器形。

仿古玉的沁色

清中期的仿古玉器一方面在造型、纹饰上力追古制；另一方面在工艺上出现了两种风格的分化：一种是具有比较鲜明的本朝制品特征，不做旧；另一种是复制前朝，表现在对仿品有做旧的处理。仿制入土后出现的沁色，是复制三代古玉最为关键的技术组成，也是清中期仿古能力的核心表现所在。

在现在所能读到的一些清代有关玉器的著作中，煞有介事地玄幻了许多种做沁的方法，我们现在虽然没有办法去证明这些方法的真实性，但是种种对仿古沁色的描述都不应该形成对仿古玉的鉴定判断。

　　清中期仿古玉的沁色常见的有两种形式：第一种是通过"提油法"，将玉的局部加工变色，从整体看，根据提油时间的长短，形成了深浅不一的黑紫颜色变化；第二种是巧妙地利用和阗玉质中存在的如玉皮、墨玉等异色部分，巧雕处理成不同观赏效果的沁色。譬如下面这件清中期的黄玉手镯，就是借助于黄玉材质所特有的红丝巧雕，形成了类似土沁、

○ 战国 蒲纹玉璧

土蚀等出土古玉器的大效果。在业内对传世器的鉴定操作中，凡是遇到以和阗玉质地为依托，巧雕出各种沁色的作品，都会被视为具有典型清中期工艺特征的仿古玉器。这类仿古玉器的纹饰、刀法特征集中而统一，与清中期（确切地说是乾隆中期）其他类型的玉器风格最为接近。因此可以这样认为，利用和阗玉质地本身的色彩异样仿古，是清中期仿古玉器所独有的重要特征，为其他任何历史时期所不具有。

○ 清中期 黄玉镯

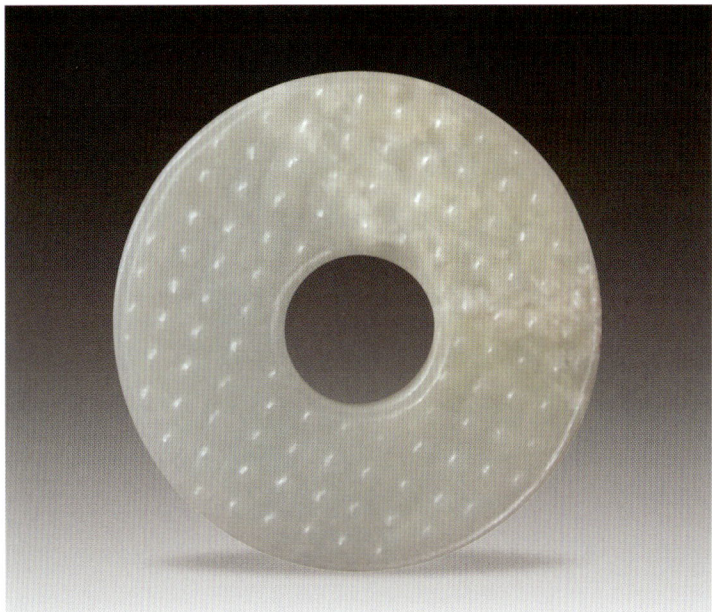

○ 清中期 仿战国玉璧

仿古玉的刀工、光工

　　常见的清中期仿古玉雕工的风格呈现，主要来自于对战国、汉代玉器的游丝描细阴线、深浅浮雕、透雕、打磨等手法的直接模仿。即以战国与清代玉器制作共同擅长的打磨为例，两个时代相距有两千多年的时间跨度，在不同的打磨工艺、工具以及各种时代因素的共同作用下，导致打磨效果的明显的不同。譬如下面两件玉璧，战国的蒲纹璧出玻璃光；清中期的仿古乳钉纹系璧出蜡光，两种光工鲜明不同，构成了清中期仿古玉器在加工工艺上的特征的彰显，为我们的辨伪与断代提供了重要的实物依据。

仿古玉的纹饰、造型

在笔者所见清中期的普通仿古玉器中，较多的是仿战、汉两代的各种佩件，包括鸡心佩、螭虎佩、环、系璧、剑饰等。清中期比较严格的仿古造型一般都是以古玉器的原件为蓝本，所仿器形的结构基本准确。而常见的普通仿古玉器就很容易出现设计者造型上的臆撰，拼凑出来的仿古纹饰、造型，这种所谓的"仿古"，基本上找不到合理的解释或物证，完全是拉郎配式的拼凑。下面的这件白玉文带从雕工的处理上看，应属于清中期的制品，通体带有明显的清中期制玉风格，只是背面的设计多出了一个只有带钩上才有的柱形钮，而柱形钮是带钩中的一个连接器，与文带没有任何相关联之处，在历代出土、传世的文带中，从来没有这样的造型。那么，这件文带很典型地说明了清中期仿古器的另一种重要的器形结构特征。

战国时期纹饰相对简单的乳钉纹、谷纹玉璧是清中期比较常见的仿古题材，即使在这种简单的雕琢中，也凸显着两个不同时期截然不同的风格表现。从纹饰所表现的刀工来看，战国乳钉纹成型尖锐，抚摸硌手，与战国玉器边缘锋利的风格相统一；而清中期乳钉纹饰的琢制以圆润、光滑而不挡手的适意性为标准，处理成圆顶，排列稀疏，这样虽然与战国的造型构成了区别，但在盘磨把玩的舒适功能上，则远胜战国。这两种玉璧相同纹饰的不同制作，体现着功能至上的制作原则，同时也各构成了原器与仿品的区别。

清代的仿古玉器在乾隆时呈井喷式发展，传世数量多、样式类别涉及广泛，在现在的民间交易场所中也时有所见。在这种强势惯性的作用下，嘉庆朝仿古玉器琢制数量也不少，

○ 清乾隆 白玉盖瓶

○ 清　白玉梅瓶

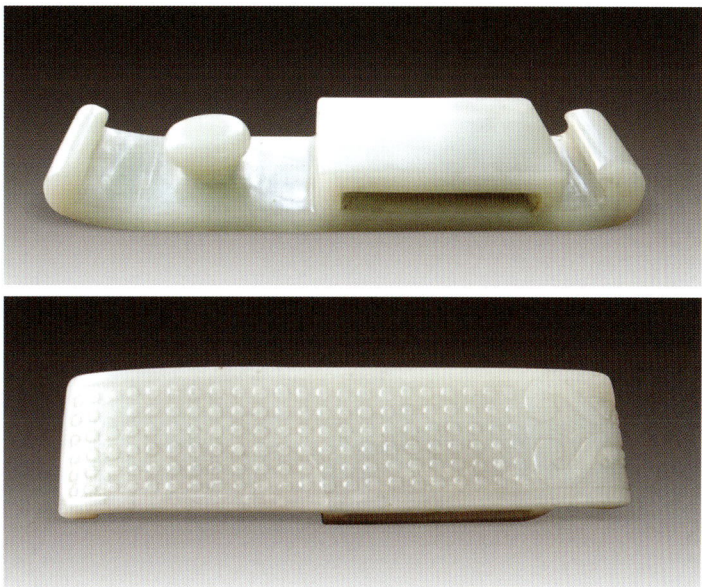

○ 清嘉庆 白玉剑璏

与前朝的区别在于，玉材贡入的渠道、数量、质量诸方面明显呈现出底气不足。同时，仿古玉器的制作标准也有逐年下降的趋势走向，这种状况为我们断代清代仿古玉器保存了可以借鉴的时代标准。在实际鉴定操作中，由于仿古玉器，特别是佩饰器多不带有年款，所以很有可能误将用料、雕工上佳的精品轻易划归为乾隆时期，这也是在一般交易中用"清中期"比"乾隆时期"更稳妥的原因之一。

清中期属于不做旧一路的仿古玉器，用料都是和阗玉，白玉、黄玉、墨玉、碧玉现在都可以见到。根据笔者对所见这一时期传器的观察分类，认为仿三代青铜器如瓶、觚、鼎、壶等，属于陈设重器，用料上乘。在玉器制造达到历史巅峰状态的清代中期，上等的和阗玉料就已经出现了由于过度地

○ 清中期 仿战国玉璧

透支征用而显现的资源枯竭征兆。最能直接证明这一点的，就是对于把玩、装饰一类小品仿古玉器选材等级标准的下降，常常出现在具有典型乾隆工的普通仿古玉器上，看到玉、石伴生的材质，下面这件清中期仿战国系璧的背面用料，局部就可见很重的石性存在，非常典型。如果从用料的整体上看，仍然可以判断出所选用的玉料属于相当少见的优质山料，伴生的石性与润洁的玉质瑕瑜分明，依然光彩不减。

仿古玉的鉴定虽然要从材质、刀工、沁色、器型等方面着眼，但在实际操作中，对清中期琢玉风格的总体关注是最直接的切入点，因为在这个制玉巅峰周期下的玉作品，即使是作为交易的商品仿古，也同样存在着与古玉并行不悖的另一种风格延伸，那就是时代的制玉风格。

白玉仿古穿心龙玉璧斧形佩
BAIYU FANGGU CHUANXINLONG YUBI FUXING PEI

清中期仿古玉

○ 名称：清中期 白玉仿古穿心龙玉璧斧形佩
○ 规格：8.5cm×5.5cm
○ 估价：30 万元

这是一件很典型的清中期仿古玉器中的一个种类，它的组合形式是由一个西汉时期的出廓玉璧，组合在一个商周时期的玉斧之上，斧的左右两侧出廓。如果将这两个构成造型拆开，都可以在商、周、战、汉时期的玉器中找到根底；一旦组合成一个器型，就属于臆造了。这样的臆造造型直到现在依然猖獗，往往欺骗那些不熟悉古代玉器造型，而又想买"人无我有"的初级收藏者。

这件清中期白玉穿心龙斧形佩所用的玉质很精，油润光洁，上面的沁色斑驳，分布自然，应该是老料新工。玉璧的上面盘桓着一条螭龙，猫耳、水滴状的眼珠、如意状梳子眉，鼻梁端正见方，五官全部集中在脸部的下端1/3处，双肢趴在璧上，有脚趾可见，仿西汉螭龙的特征非常明显，只是四肢的劲健程度与西汉有所不同，表现出柔美，纤细的风度，明显带有清中期的风格特征。龙身一条脊线，尾部分叉从璧孔穿出，圆璧带框，下端有饕餮兽面纹，全部是减地阳雕，

兽面纹所表现的不是高古玉那样的狰狞恐怖，而是驯服善良。其间有如意云纹、山字纹、棱形纹、网格纹相间隔。璧下接一斧形，中间用回纹间隔，两边有夔龙纹装饰，两条背靠背的夔龙纹呈S形状，形状与战国玉器相仿佛。斧形玉佩边缘有斜坡，较薄，带刃口。

整件玉佩品相端正、大气，皇家之气跃然而出。目前的市场价格应为30万元左右。

白玉仿古兽面纹提梁卣

BAIYU FANGGU SHOUMIANWEN TILIANG YOU

○ 名称：清中期 白玉仿古兽面纹提梁卣
○ 规格：24.5cm×12cm
○ 估价：300 万 ~ 400 万元

清乾隆时期，为了让工匠充分领会仿古玉器的制作要领，乾隆皇帝采取"示稿内府玉人"的做法，将内府收藏的古代青铜器与古器物图录如《西清古鉴》等，交付给玉工作为仿古玉器设计的蓝本。这也正是清中期的仿古玉器与青铜器最为贴近的重要原因之一。之后的几百年中，尽管仿古玉器层出不穷，却没有一件能赶上或超过清中期的仿制水平，如果掌握了三代的青铜器造型，仅此一点，就能为仿古玉器做一个初步的断代。清中期的御用仿古玉器造型主要有壶、卣、鼎、簋、豆爵等，所用都是精选的上等山料，质地决不在一般籽料之下。至于民间的仿古玉器，首先玉料就比较普通，甚至较差；其次造型多"不靠谱"，除了臆造之外，更多的是造型比例、纹饰线条都与实物有一定的距离，比如青铜器上的饕餮纹，即使是现在见多识广的非考古专业人员，也不易分辨和理解饕餮的眼、鼻、嘴的造型和位置，远在清中

期的玉器匠人，更不能理解，在这个前提下的仿古玉器，纹饰线条肯定走样，这也是宫廷仿古与民间仿古的区别之一。

这件清中期的白玉仿古兽面纹提梁卣用料是新疆的和阗青白玉，是在一块玉材上掏挖而成，用料大而工艺复杂。盖钮是仿西汉的天禄瑞兽，形态饱满，肌肉四肢发达，呈扭头回首状，气势很大。边缘有回纹修饰，与卣身的口沿相对称，主题纹饰是仿战国青铜器的兽面纹，梭子眼圆睁，中间瞳孔很大，鼻梁斜铲陡峭，有一种狰狞威严的观感。四角边饰是如意云纹，工艺线条细腻工整，两面纹饰对称，卣外壁的兽面纹用浅浮雕雕出，地子不管从哪个角度看，都没有波浪纹，具有典型的清中期地子光工特征。

这件玉卣摆件是典型的乾隆仿古作品，虽然玉色略青一点，但通体没有任何瑕疵，另有原配红木座架，也算是比较难得的一件重器了，目前的市场价格在 300~400 万。

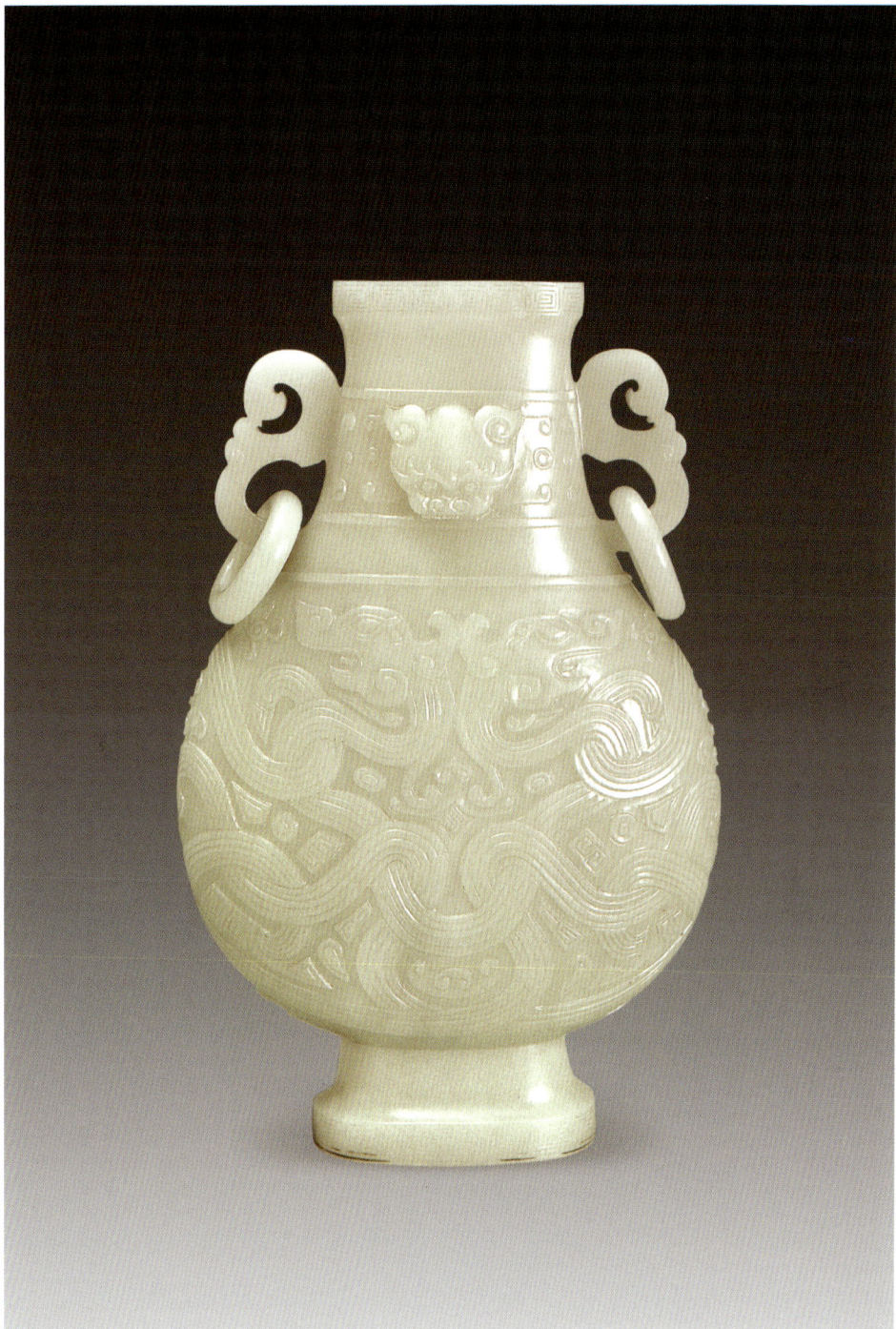

○ 清中期 白玉仿青铜龙纹双耳扁瓶

白玉海水圭璧牌

○ 名称：清中期 白玉海水圭璧牌
○ 规格：7cm×4.5cm×0.6cm
○ 估价：15 万元

在商、周、战、汉时期的玉器中，比较常见的是玉璧，玉圭不常见。《周礼·春官·大宗伯》中规定了 6 种举行隆重祭祀仪式时必须陈设的玉器，历史上称为"六瑞"，即

以玉作六器，以礼天地四方，以苍璧礼天，以黄琮礼地，以青圭礼东方，以赤璋礼南方，以白琥礼西方，以玄璜礼北方。

从上面的文字上看，尽管《周礼》出于汉代儒学者之手，但至少可以反映出作为礼器的玉璧与玉圭在西汉时期都具有各自专门的使用意义，互不搭界。而这种将玉璧与玉圭混搭，组成一个器物，应该是

臆造仿古的结果。也许笔者所见不广，在四十余年的玉器鉴定实践中，所见这种器形最早的制作年代是赵宋，造型也最典型，就是一个圭贴在一个璧上的简单组合。至于《周礼·考工记》中所说：

圭璧五寸，以祀日月星辰。

《后汉书·明帝纪》：

亲执圭璧，恭祀天地。

至少笔者至今尚未见到出土的玉器图片，不敢妄语。

话再回到清中期玉器的收藏上来，宋代的圭璧在清中期的最直接的传承样式不是玉器，而是砚台与墨锭，它们的造型都是圭与璧的最简单而直接的组合，多与宋代的圭璧形玉器造型接近。在圭璧造型的玉器上，清中期时代设计风格更加彰显，样式完全摆脱了庙堂礼器庄严肃穆的束缚，代之以佩戴把玩的精巧可人的感觉，这就是清中期仿古玉器的另一个特征。

这件圭璧玉牌用材是和阗白玉籽料，油润性很强，精光内蕴，造型精巧，稍厚于一般片状佩饰，约为0.6厘米。在璧上雕琢有灵芝云头纹，似朵朵祥云盘旋在圭的顶端，象征祥和如意，连接玉璧的圭以阴刻线琢出横线纹和圆珠纹。有四组勾云纹，穿插在四组如意"心"形纹之间，疏密有致，落落大方，有皇家之气。圭形的下端直接海水，两边有汹涌奔腾的海浪起伏，衬托着磅礴的气势。海水纹有阴刻细线分组起伏，有层次，有动感，相得益彰。

这件玉饰厚度比一般的玉牌都要厚出至少2/3，所以显得分量比较重，同样也合适作摆件设陈设。现代人喜欢挂在脖子上，有点重了。（古人都是佩戴在腰上，作为腰牌就不显重）

○ 清中期 白玉雕圭璧摆件

黄玉蝉

○ 名称：清中期 黄玉蝉
○ 估价：50 万元

玉 质蝉最早出现是在新石器时期的红山文化、良渚文化，可能是作为一种佩饰器存在。真正大量作为逝者口中的含玉，应该是在战汉时期，这种含在逝者口中的玉质蝉，在汉字中又可写作"（hán）"实际是"玉含"的合体字，与之相同的还有逝者手中握着的玉质棒形器，

多做猪形，又可以写成"琀"。有的书中写做"玉琀"、"玉琀"，是不正确的。

玉质蝉造型在古代玉中有三种：

第一是含蝉（琀）。含在逝者口中的玉蝉，特征是刀法简约，概括力强，蝉的顶端没有穿孔。

第二是佩蝉。这是一种玉质蝉形

佩饰物，特点是对蝉的刻画很写实，与一般的肖生佩饰相同，蝉的顶端有对穿的象鼻孔，可以穿绳。

第三是冠蝉。冠蝉是装饰在帽子上的一种蝉形玉饰，穿孔与佩蝉不同，有的穿孔从顶部斜通腹部，也有的在腹部钻有象鼻孔用来在帽子上缝缀。

上面的这三种玉蝉，各个时期的藏品都具有不同的价值：含蝉以汉代的"汉八刀"雕工为最精。汉八刀不是只用八刀雕成，而是指汉代特有的一种刀法，看似简洁，实际每一个切削面都存在着精确的计算与加工，具有很高的收藏价值。佩蝉的雕制主要有两个重要时期，一是战汉时期，另一个就是清代中期。战汉时期的佩蝉尽管雕工细腻，仍不免存在琢玉工艺落后的表现，表现为细阴线的硬挺，含有强烈的弹性，造型设计更趋于写实；清中期玉蝉的细阴线在绵柔中内含弹性，造型与其他玉器一样，增加了许多附加修饬纹饰，使整体装饰更复杂繁复，收藏价值要高于战汉玉蝉。冠蝉多见清代，收藏价值与佩蝉相近。

这件玉蝉是用优质的黄玉琢刻，色泽娇艳、地子均匀，属于很难得的材质。工艺是在战国玉器的基础上，又适当地体现出了乾隆玉器细雕深磨、纹饰繁缛的特点。蝉的羽翼、身体运用了仿古工艺的艺术构思，用云纹表现羽翼，腹部是由几条横面体现出蝉的肉体质感，再用阴雕浅刻。由于材料较好，蝉翼油润透出包浆。这件黄玉蝉的出身应该是苏作或乾隆造办处，虽然无法考证，但有一点可以无疑，一定是乾隆宫廷御用器。依目前的行情分析，市场交易价格应该在50万元左右。

民间收藏的"玉图画"

"玉图画"发展及特征

　　"玉图画"是清中期玉器的一种重要的制作形式。作为一个概念的提出，乾隆皇帝无疑是首发轫者。但是作为一种制作形式，则应追溯到赵宋时期乃至更早。

　　"玉图画"其实就是带有规定的故事情节和场景的玉器纹饰，与雕制的方法诸如阴阳线雕、深浅浮雕、镂雕无关。唐以前的玉器很少见到这种带有故事情节和场景的玉器纹饰，

○ 东汉 神仙羽人铜镜

而比较常见的多是表现在铜镜的纹饰上，譬如东汉时期的神仙羽人镜（见下图），上面就以高浮雕的手法，展现了《山海经》《穆天子传》等古代典籍中关于西王母的传说，上面有神鸟、骖车作为烘托场景的道具，场面宏阔壮观。

唐代玉器上开始出现了一些带有简单情节的纹饰，譬如玉上的"胡人献宝"、"胡人奏乐"、飞天等，1976年江苏无锡出土了一件唐代的"仙人驯鹿"佩，画面的主题是一位仙人

○ 唐 仙人驯鹿佩（1976 年江苏无锡出土）

手抚鹿背，左边有一小童作为场景陪衬。

宋代也有这种场景的作品存世，譬如北京故宫博物院藏有一件青玉人物山子，以一仙风道骨的执杖老者为中心，旁有一鹿、一童子相衬，大背景则是镂雕的山石树木。

如果从广义而言，这些带有背景场面构图纹饰的玉器都可以视同"玉图画"，但是不能称为"玉图画"。

○ 宋 青玉人物山子（北京故宫博物院藏）

○ 元 白玉帽顶

清中期以后，几乎是在与乾隆皇帝对"玉厄"矫枉过正的同时，出现并迅速完善了"玉图画"的概念。毫无疑问，乾隆皇帝认为治玉"俗样"的产生，是玉工们艺术修养低下的必然结果，要想有效地改变这种几乎不可能改变的痼疾（玉工们艺术修养的低下源于所受教育历史的苍白，并非一朝一夕可以改变的），必须要有高层次的审美介入，这就构成了清中期"玉图画"所具有的本质特征：

○ 清乾隆 白玉山子

○ 清乾隆 白玉山子

○ 清乾隆 碧玉山子

○ 清乾隆 碧玉山子

🔶 不管采用什么样的雕法，都要因材赋形

譬如一块片状玉材，可以随平面的凹凸起伏而雕成山石树木，尽量还原自然形态，乾隆皇帝在乾隆三十五年（1770 年）所作的《和阗玉刻江城春晓图歌》中有这样的诗句：

昆玉一片和阗来，不中螭壶及牺罍；

琢为江城春晓图，亦云制器要量材。

······

天然凹凸因其势，丘壑高下随位置······

在乾隆看来，因材赋形是对矫揉造作的俗样最有力的匡正，清中期的山子把件，一般都是在一块随形的籽料上奏刀，尽量不破坏天然的外形。即使是一件纯粹意义上的山子，也会明显保留着原材料某些特征性的造型，所以清中期山子摆件的造型特点之一就是原始形态保存的较多，山石嶙峋，原始形态的块面鲜明自然，很少见到在上面施用镂雕工艺。而之

○ 清中期 白玉双耳三足炉

前辽、金、元、明时期的诸如帽顶、炉顶之类的作品，都是通体镂雕，以屈曲盘绕为能事，完全不能见到材质的块面规模，这是"玉图画"与之前镂雕山子摆件的一个重要的区别点。

很明显，在周遭俗样的繁复刺激下，乾隆对玉器的审美要求有了一个很大的转变，譬如对于"巧"的审视，由原来的直观浮现转而为一种深层次的隐含。他十分激赏《和阗玉桐荫仕女》这件作品的真正原因并不是出于题材和琢制上的绝对优势，或者是苏州的玉工给他节省了玉料，而在于废料利用中蕴含的那种天造地设的"巧"，如果这件作品是在一块整料上雕制的，其本身所带有的那种阅读之外的趣味也就荡然无存了，因为这件作品在清中期的玉器中，并非上上品。

由此可见，真正清中期宫廷出身的山子摆件，很重视材料自然形态的保存，与之前几个朝代的玉器形成了直观上的差别，同时，也有别于同期的民间商品玉器。

🦖 重要作品设计，均由乾隆皇帝亲自参与

乾隆皇帝对艺术的审美能力，决定着那一个时代艺术品生产在整个历史坐标中的位置。这位禀赋极高的皇帝对书画艺术的理解水平一般，不敢有所恭维，但是在书画以外的瓷、玉、杂各项工艺品领域中，的确有着常人难以企及的修养和独造的高度。整个清中期玉器的设计制作，始终是沿着他的审美好恶轨迹而发展，他的影响惯势一直到了道光朝才式微。《养心殿造办处各作成做活计清档》是当时造办处的工作记录，里面记载了乾隆皇帝对于重要的玉件制作，事无巨细，都有明确的设计要求。譬如乾隆八年（1743 年）正月二十七

日的记录：

奉旨：将《考古图》二本交与安宁、图拉，按图上选定的玉辟邪二件、玉马一件、玄玉璁一件、玉虎一件、仙人一件共六件，着尔等寻好玉工，勉力照图上记载尺寸各仿旧做一件。做得时，其玉上系何人成做、何人收藏之处，尔等酌量将古人名字刻于其上。图样并尺寸记载一一详细记下……钦此。

传旨：将白玉仙人、白玉马俱烧汉玉，配文雅座。再，碧玉虎配楠木胎漆座，做旧，做矮束腰文雅些座，再按虎足处槽内糊苏锦。将白玉名色刻在座心上。钦此。

可见，对于一件玉器而言，从样式的设计到刻款、配座，乾隆无不躬亲入微，正是由于他在整体设计风格上的把握，才有可能成功地将中国绘画的构图因素在玉器的纹饰上进行有效的嫁接，使得玉器的纹饰图案在瞬间突破了传统单一的装饰属性，以及简单的情节表现，从而营造出与传统绘画产生同等表现力的整体形象塑造。尽管乾隆在书画方面的造诣远远浅薄于瓷、玉、杂等工艺项目，但是将绘画与玉器纹饰的嫁接、将铜胎掐丝珐琅器的茂密纹饰与瓷器的嫁接，形成独特的"百花不露地"的装饰风格，这些都充分展示着乾隆皇帝高深的综合艺术审美实力。乾隆时期的"玉图画"在画意、结构、布局上，与同时期宫廷画家作品的基本风格相符合，人物、背景的塑造均采用工笔式的铺陈，规矩工稳，中心突出。在乾隆皇帝的艺术干预与影响下，清中期带有"玉图画"纹饰的宫廷出身的玉器，都带有温文尔雅、细腻生动的宫廷绘画的味道，从而构成了"玉图画"与其他同时期民间商品山子、玉插屏的重要区别。

○ 清乾隆 碧玉笔筒

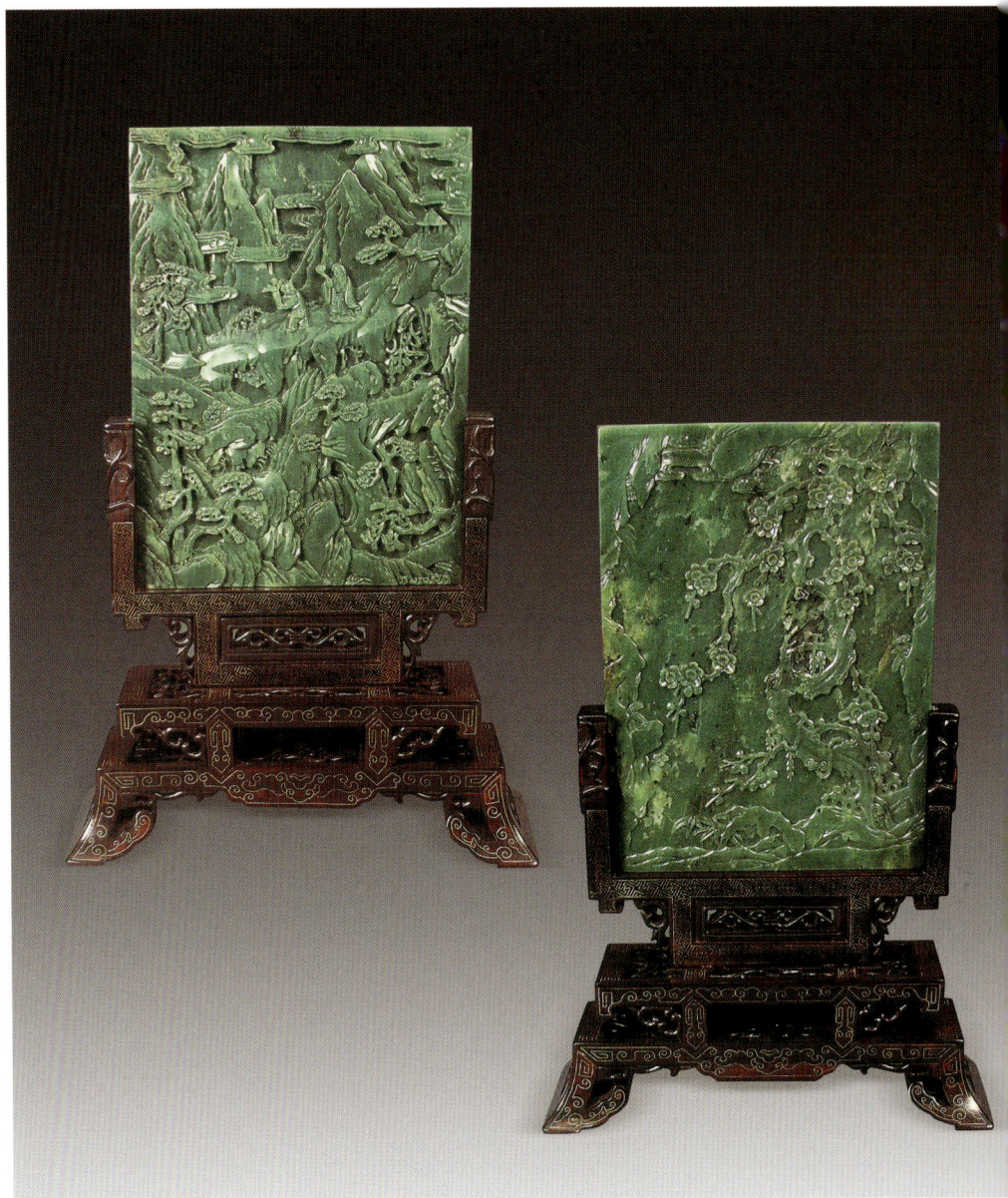

○ 清乾隆 碧玉插屏

⊛ 宫廷画家直接参与纹饰设计

　　乾隆对玉器纹饰的干预主要来自于两个方面，一是凭借他自身对艺术的修养与理解；二是充分利用了在朝宫廷画师的专业能力。我们通过分解北京故宫所藏的玉山子、插屏画面纹饰的组成因素，可以看出，治玉匠人的技能技法只是构成画面效果的一部分，而另一部分则是画面图案的绘画效果设计，明显出于非匠人之手，通过查阅有关资料可知，至少一些重要的作品，纹样设计都是出自当时宫廷御用画家的笔下。譬如乾隆时期的那件最著名的"密勒塔山玉大禹治水图"山子的设计，就是乾隆命如意馆以宋人的《大禹治水图》为蓝本，由宫廷画家贾铨根据玉料的形状特点二度创作的。还有些作品，尤其是插屏等平面作品，直接将绘画作品进行微缩挪移，当时的宫廷画家如金廷标、姚文瀚、余省等人都有直接参与设计的经历，现在偶见传世的"玉图画"与同时的宫廷绘画完全一样，很明显是利用已有的绘画作为纹饰蓝本。前面所讲的唐、宋、元、明以及清代非御制玉器的背景场面构图纹饰与宫廷出身的"玉图画"的重要区别在于：前者的画面构成完全出自于匠人，表现的是一种纯民间味道的装饰艺术，情节场景表现简单而直白；后者是匠人与画家的合作结果，琢制代表的是时代工艺的水平，而纹饰则凸显了绘画的专业理性与技巧，这是"玉图画"与其他相类题材作品的根本区别。

　　由于"玉图画"的表现形式带有强烈的绘画意味，所以在清中期玉器中，多表现在玉山子与玉插屏之上，也见于一些外壁通体浮雕的玉质笔筒（常见碧玉质地），而一般的佩件

仍是以纯装饰纹饰为主。

清中期玉器收藏的最高境界，是以收藏到一件"玉图画"作品为高境界。通过上面的论述可知，"玉图画"作品一定是出自清中期的宫廷，尽管御制玉器有可能由于各种原因会流出宫门，但是"玉图画"的可能性很小，原因在于：

"玉图画"基本上是由乾隆皇帝主持设计的，与地方上的贡玉不同，不存在对纹饰设计上的不满意。

"玉图画"的完成，是乾隆与宫廷画家、御用匠人长期通力合作的结果，具有质量精、数量少的特点。

"玉图画"的用料都具有鲜明的特点，或者玉质上乘，或者外形硕大，非个人能力所能占有。

正是基于这些原因，所以以一般实力收藏"玉图画"玉器的可能性极小。在现在玉器收藏品的交易过程中，有少量的玉质好、雕工细腻的"玉图画"作品，其实都是晚清民国，乃至现代的仿品，同样是不可多得的上品，只是要注意在收藏的价位与欣赏的着眼点上，要与真正清中期的"玉图画"有所区别。

白玉山子形笔架

BAIYU SHANZIXING BIJIA

○ 名称：清中期 白玉山子笔架
○ 规格：11.5cm×5cm
○ 估价：20万元

玉器与钻石的价值计算标准不一样。钻石的重量越重价值越高，而玉器则不同，大块摆件的价值有时不会超过小小的胸坠，这是因为玉器的价值主要体现在玉质的优劣之上。一般的规律是，小佩件、胸坠或戒面的玉料重量很小，但由于更多地使用了优质和阗籽料或上乘的山料，所以形成的收藏价值与交易价格都很高；二是用来制成山子、摆件等较大型的玉器，用料就没有小件那样讲究，所见多是使用油润度不高的或颜色不纯净的山料，其中的瑕疵绺裂都比较多而明显，制作时采用的深浅浮雕或透雕，更多地为了掩盖这些材质上的毛病。可以这样说，在民间玉器的制作过程中，将好料割下制成小件精品，剩下的大料多制成大型的摆件，即使在玉料资源充裕的清中期，御用玉器除外，民间的玉作坊基本如此，这是我们现在看到绝大多数山子玉质不好的原因。

事情也有例外，这件白玉山子形笔架的材质就比较好，油润高，而且无绺无筋，还带有些许的红皮。唯一不足的就是白度稍差一点，稍微偏向于青玉。可以这样设想，假如这块玉料的白度再有些提升，或者就不会有这件山子形笔架的出现，而化身若干件佩件了。

这件白玉山子形笔架的器型如山丘，在崇山峻岭的造型中，有动物和植物融入自然景象之中，构成一幅完整而和谐的、生机勃勃的画面。在崇山峻岭的刻画上，工匠以多层次浮雕的手法，突出了山脉的叠嶂连绵。底部有一棵苍树挺拔而立，一对白羊自由自在地一前一后卧在山坡上，前面的羊，跪在上坡，回头眷顾后面的羊，两只羊在构图上的牵连关系，全在于此。这可以印证清中期的玉器绝对不是完全由工匠自行设计操刀，除了御用玉器是由乾隆皇帝亲自设计或提供意见以外，即使是民间的作坊产品，也肯定会有在绘画上比较专业的文人的参与，否则，很难想象清中期琢玉工匠的专业艺术水平究竟有多高。山坡的右边有两个肥大的灵芝，如意头错落有致地两面分叉作为补景。在古代，灵芝象征"如意"，双羊象征"吉祥"，而松柏又象征着"长寿"，这些吉祥的元素协调在同一个场景画面上，所形成的口彩寓意也就十分清楚了。

笔架背面叠嶂的山脉和山峰只做些简单的修饰，并在山脚下留下了玉皮子，我想这决不是当时的工匠想证明玉料的出身而有意为之，可能是为了加大山子笔架的底座面积，不得已而为之。从玉雕的工艺难度上看，这件山子形笔架属于多层深浮雕，这样的多层深浮雕是比较少见的。

在2003年玉器行情低迷的时候，这件山子笔架的价格是3万元左右，而目前的价格至少上升到20万元了。

青玉御题山子

QINGYU YUTI SHANZI

○ 名称：清中期 青玉御题山子
○ 规格：18cm×14cm
○ 估价：500 万元

玉图画最直观的立体表现就是山子。山子是一种按照玉材原轮廓形状雕饰的大型摆件，造型一定是山形，采用深浅浮雕的工艺，在山体表面琢出山石的层次、树木和屋舍人物。山子的意境一定是一幅立体的中国画局部，以山为主要景物，清中期具有宫廷出身的山子多留有一块平整的岩壁，用来琢刻乾隆皇帝的御题诗。御题诗的形式有三种：

一是大部分御题诗有乾隆的落款、干支纪年和印章。

二是少数御题诗不落款，仅有印章。

第三，也有在迎首处刻有"御题诗"三个字，结尾处不落款。

这件青玉御题诗山子的玉质青色，有白雪花片，带一层薄薄的黄色玉皮。造型呈不规则山形，溪水斜穿成涧，拾级而上，有楼阁之景，有两颗苍天大树昂然屹立在山水间，布局合理，是明清山水画的立体再现。岩壁上刻有《御制望西山积雪诗》：

天然图画开屏障，
琼树瑶葩不谙名；
记得河阳生动笔，
直教人在座中行。

这件作品在 2005 年时的市场价格是 40 万元左右，目前的市场行情大约在 500 万元。

○ 青玉御题山子（细部）

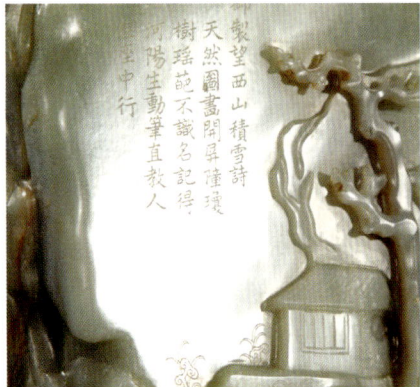
○ 青玉御题山子（细部）

御製望西山積雪詩
天然圖畫閒屛蓮璡
樹瑤苗不識名記得
陽生動葦直教人
　　　　臣中行

○ 清中期 碧玉人物插屏

○ 清乾隆 白玉赤壁夜游山子

○ 清中期 白玉双鹿摆件

○ 清中期 青白玉胡人献宝摆件

痕都斯坦玉器与仿品

痕都斯坦玉器的鉴定方法

根据乾隆《天竺五印度考讹》的文字记载，痕都斯坦位于当时的回部与北印度的交界处，也就是当时的莫卧儿王朝。在乾隆二十四年（1759年）平定了回部上层叛乱之后，带有鲜明的莫卧儿工艺特征的玉器就开始不断地进贡到清廷。历代玉器收藏者称这种莫卧儿进贡的玉器为"痕都斯坦玉器"，简称"痕玉"；又因为这种玉器的西域风格很明显，所以又称之为"西番作"。

痕都斯坦玉器的鉴定特征很明显，主要可以从以下这两个方面来判定：

✦ 器壁的薄厚

痕都斯坦玉器的一个最为明显的特征就是器壁菲薄，状如蛋壳，晶莹剔透。对此，乾隆皇帝赞许倍加，曾在《题痕都斯坦双玉盘》的注释中说：

闻其痕都斯坦攻玉，纯用水磨，工省而玉精，尤内地所不及也。

可见乾隆皇帝对痕都斯坦玉器的欣赏，已经远远超过了北京、扬州、苏州等地的传统制作。这必然导致大规模仿痕玉影从效应的发生，苏、扬各地的贡玉、造办处如意馆的玉器制作，在这一阶段都生产出了数量可观的仿痕玉器。客观地说，内地的治玉水平应该远在痕都斯坦之上，将器壁做得更加轻薄也不是一件很困难的事，这一点乾隆皇帝缺少了应有的自信，把痕都斯坦的月亮看得比自家圆。当时苏州专诸巷曾经进贡给乾隆一件碧玉菊瓣盘，盘壁莹薄如蝉翼，明显超过了真正的痕都斯坦玉器的器壁。这至少说明了两个问题：一是内地玉器加工工艺完全可以达到或超过痕都斯坦的轻而薄的水平；二是器壁的轻薄已经不足以构成区别痕都斯坦玉器与内地玉器的唯一标准。从传世的仿痕玉上看，苏、扬、京玉作的绝大部分仿痕玉作品，胎壁都稍厚于真正的痕玉，这是因为内地玉工与痕都斯坦玉工对玉器的理解有着根本的不同。很明显，痕都斯坦玉工将琢玉的表现技巧放在首位，呈现出的是工艺难度，菲薄的器壁通透晶莹，好的痕都斯坦玉器接近翡翠的玻璃种特征，基本上不考虑玉的独特品质；而内地玉工对玉的琢制设计仍然恪守着首德而次符的基本原则，将表现玉质内在美感放在首位。为了突出玉质油润、细腻的半朦胧感，将仿痕玉器的器壁厚度定标在这两者之间的最恰当的位置之上，使得玉器既不失玉的质感，又轻巧俏丽。所以从器壁的厚度特征来判断，真正痕都斯坦玉器的器壁薄而通透；仿痕玉器的器壁厚度要厚于真痕玉。

雕工的表现

　　真正痕都斯坦玉器的主要工艺特征在于磨工，菲薄的器壁完全是靠研磨完成的，这一点乾隆皇帝看得很清楚，他说：

　　水磨天方巧，专诸未足论。

　　苏州专诸巷多出玉工，然总不若痕都斯坦用水磨治玉特为精巧。

　　对水磨工艺成品效果的评价，乾隆皇帝的概括语很准确，那就是"抚不留手"、"浑若无迹"，这里面指出了痕玉的工艺特征就是通过研磨使得玉器表面更加光润，这种工艺的另一个表现就是也将铊轮雕琢的刀痕打磨得浅而平滑，没有"挡手"的

○ 清中期 痕都斯坦式白玉碗

○ 清中期 痕都斯坦莲瓣碗

感觉，乾隆皇帝称之为：

细入毛发理，浑无斧凿痕。

苏、扬、京玉作仿痕玉器的着眼点在于形似，玉器的加工痕迹仍保留着乾隆工的工艺特征，那就是刀痕窄细而深峻，用手摸刀口处，尚能清晰地感觉到由玉质硬度而呈现的锋利。这一点是清中期玉器的普遍特征，而不单单局限于对真、仿痕都斯坦玉器的认知判断。

痕都斯坦玉器因为胎壁菲薄，重量很轻，所以多见矮件盘、碗。在瓷器领域中，盘、碗称为"圆器"，都是实用器，玉器中的盘、碗在宫廷内属于奢侈的实用器，至于寻常百姓实用的玉器如茶壶、茶碗，比较容易确认，特征是壁厚、玉质一般或偏下。真正的痕都斯坦盘碗或仿痕玉在民间都是用于收藏、陈设的精品，所以很少有磨损痕迹。痕都斯坦玉器不管是真是仿，都没有专门用于陈设的琢器如瓶、瓿等，这一点需要收藏者特别注意。

在收藏者手中流传的痕都斯坦玉器，基本上都是清中期以后各时代的仿制品，很少有真品流出清宫以外（但不能绝对）。由于当时乾隆皇帝偏爱痕玉，苏、扬等地纷纷影从，所以仿痕玉充斥于商品玉器之中。由于器壁菲薄，不易保存，所以现在即使是仿痕玉的存世量也很稀少，是清代玉器炙手可热的收藏品种之一。

区别痕都斯坦玉器的真仿品，除了上述的两个方面以外，还有玉器的样式、比例、纹饰等因素，都可以成为形成判断的辅助依据。乾隆时期的痕都斯坦贡玉都直接运抵京城，当然，不排除苏扬等地玉工奉旨仿制时，有机会见过痕玉真品或画样草图，因为绝大多数玉工没有机会看到痕玉的实物，所以玉工的仿制其实就是九成的臆想与一成的道听途说，仿品的最终表现是将含糊的痕都斯坦纹饰造型与仿制者的工艺风格融合在一件作品之上，更有不少的仿制品纹饰造型都是传统的，只是将器壁磨制得菲薄，乍看像痕玉，其实多少有些不伦不类。如果能多观察一些故宫所藏的痕都斯坦真品玉器，就很容易区别这一时期的仿品。

从收藏流通中的清中期玉器品类上看，真品痕都斯坦玉器很难得到，很高的交易价格完全是建立在宫廷出身和传世量稀少的基础上，其制作本身已经违背了首德次符的原则，将玉质中最核心的美学因素轻易地转化为带有弄器般的艳俗，并不可取。苏、扬、京玉作的审美观念是传统的，表现出对玉深刻的理解，从玉器的整体观念上看，仿痕玉的精品应该高于真正的痕玉。这一时期的仿痕玉作品同样具有相当的收藏价值，千万不能因为是仿品就妄自菲薄，只要玉质上乘，品相完好，就应该属于清中期玉器的收藏精品。

清中期玉器是中国玉器制作史上的最好时期，这是人所共知的事实，但是从实际收藏的曲线上看，这一时期的玉器始终处于不温不火的尴尬态势：清末民国时期，古玉收藏以三代（夏、商、周）为重，讲究逢玉必沁，在清末玩家所撰写的有关玉器著述中，故弄玄虚地将沁色推崇到了超越玉质、雕工、造型的神圣境界，从最高端的"血沁"到常见的"土沁"，无不追索其极，这其实是一种病态的收藏心理呈现。经历了一段特殊历史时期的沉寂之后，在当代玉器收藏的热潮中，由于大多数收藏者不谙于古代玉器的传承历史和收藏史，所以又将目光聚焦在当代和阗玉的制品上，新品的交易价格往往又在清中期同等水平的作品之上。如果从收藏规律的视角来看，三代古玉的收藏必须以深厚的传统文化作为社会基础，所以很难东山复起，为当今广大收藏者所理解与接受。而明清玉器，尤其是清中期玉器的收藏，一定会出现价值上的大逆转轮回。因为从工艺上分析，尽管现代琢玉的工具比清中期先进，但仍有许多的不似之处，譬如仅以打磨为例，清中期玉器的打磨出蜡样效果，能将温润油腻的玉德淋漓尽致地体现出来，与现代工艺下的光工区别很大，另外在铲地、倭角等细节处理上，清中期与新工的区别都很明显；再有，清中期中等以上水平的玉器传世量毕竟很少，符合"物以稀为贵"的收藏价值原则。所以，古玉收藏者尤其要重视对清中期玉器的学习研究，集中财力收藏中等以上的，甚至是精品级别的清中期玉器。有成就的收藏家的普遍做法是，宁可用买 10 件普品的钱买一件精品，也绝不用一件精品的钱买换回 10 件普品，一个普通实力的收藏者财力有限，如果一生能有一两件精品入藏，其实已经是功德圆满了。

○ 清中期 白玉回纹螭龙把杯

○ 清中期 白玉竹纹盖碗

○ 中期 白玉雕夔凤纹三足炉

○ 清中期 白玉雕夔凤纹三足炉

白玉双龙耳杯

BAIYU SHUANGLONGER BEI

○ 名称：清中期 白玉双龙耳杯
○ 规格：5.5cm×8.5cm
○ 估价：20 万元

这件双龙耳杯是一件仿痕都斯坦风格的玉器，它不是纯粹的痕都斯坦贡器，原因在于在设计与制作上，同时出现了两种风格：一是具有典型痕都斯坦玉器的薄胎，素洁无工，深腹，侈口等特征，尤其是胎壁菲薄，更是西域风格的集中代表；二是杯的两侧带有龙耳，又是典型的中原文化特征。因此我们认为，这是清中期专诸巷仿痕都斯坦玉器的作品。

关于清中期的仿痕玉器，有的时候容易出现一种误解，认为苏作、京作的仿痕玉作品，不能达到真正痕都斯坦玉器那样的薄度。通过这件双龙耳杯可以看到，中原地区的玉器制作完全能够做得更薄，只是一旦将和阗玉进行这种痕式玉的工艺处理，就会失去和阗玉因半通透而显含蓄的特性，与通透度较高的岫岩玉没有什么本质的区别。如果用传统的观点来解释痕都斯坦玉与仿痕玉，可能会得出这样的结论：把一件玉杯的杯壁做得具有薄、透、亮那样的工艺效果，并不是一件难事，这件双龙耳杯就足以说明清中期的技术实力完全可以达到；仿痕玉的真正技术难度在于将器壁琢制得厚度适中，既保有痕都斯坦玉器的俏丽观感，又不失和阗玉的质地特征优势，这是京作、苏作仿痕玉的精品与普品的重要区别点之一。

其实，在痕都斯坦贡玉中，也有"贴牌"的假痕玉掺杂其间，有史料证明，由于乾隆皇帝相当喜爱痕都斯坦白玉，在当时有些苏州的玉工就移居至叶尔羌，专门为皇帝生产玉器，也有些进贡的痕玉是在苏州雕好后，运输到遥远的回部，由回部再进贡到北京，于是，本来是纯粹的苏作玉器，西游一圈后就变成了"痕都斯坦"贡玉。尽管乾隆皇帝本人拥有着数不清的古玩玉器，但是他的鉴赏能力并不高，不能鉴定出真正的痕都斯坦贡玉与中原制品的异同，在他御题的痕都斯坦贡玉中，有中原"贴牌"的藏品存在。

清中期玉器的款识自有特点：属于当朝的制作品，刻"乾隆年制"款；贡玉则刻"乾隆御用""乾隆御玩"等款式。

该件耳杯新疆和阗一级白玉，玉质莹白，透亮光工细腻，比例上部身高，侈口，深腹，器壁琢磨甚薄，圈足较浅略厚，圈足甚不圆正，口径尚圆整。内壁外壁都打磨甚细光滑洁净，可透视杯中之物，双耳是香草龙，龙头苍老，龙身是铁线莲叶纹。2005年的市场价格是4万元，目前上升到20万元左右。

痕都斯坦良落花卉杯

○ 名称：清中期 痕都斯坦良落花卉杯
○ 规格：4.5cm×9cm
○ 估价：50万元

良落花卉纹是欧洲建筑上常用的一种纹饰，花的边缘多分叉呈卷叶状，17世纪时在印度的玉雕工艺中经常出现。最常见的就是浅浮雕纹饰分布在器腹的上下缘，以及双柄杯、碗的两侧，也有作为主题纹饰自器腹的下部向上延伸至口缘，有些作品还连着下垂的花蕾。良落花

卉很富于观赏效果，西域装饰风格强烈，与东亚的花卉纹饰区别很明显。

这件玉杯所用的是优质青白玉，杯壁菲薄，从内壁可以清晰地看到外壁的纹饰，八瓣花型杯口，微呈高脚，底盘是一朵平展的蔷薇花朵。口沿上雕有一圈锯齿纹，主体纹饰是八瓣良落花叶，从底层浅浮雕渐升渐起，自

下方沿着腹部向上伸长，叶尖卷折，叶脉清晰，若隐若现的浅浮雕至口沿处。两侧在两片良渚花卉叶间各伸长一束良渚花卉，卷叶成耳，造型十分自然贴切。乾隆皇帝曾形容过痕都斯坦玉器莹薄如纸"在手疑无物，定睛却有形"。

从这件作品来看，确实如此。更值得欣赏的是外壁上的浅浮雕良渚花，叶脉经络在内壁同样用浅浮雕表现出来，而且内外位置叠合准确，形成了"一叶过墙"的观赏效果。一般的作品花卉纹饰仅在外壁上雕出，内壁上往往抛光打磨平滑与外壁没有纹饰上的关系。这件花卉杯的过墙纹饰，大概是借鉴了同时期粉彩瓷器上过墙纹的形式，从粉彩常见的过墙云龙、过墙折枝花卉的纵向穿墙，发展到利用质地透明的特点，设计成一片叶子的另面过墙，令人激赏的不是磨制技术，而在于将瓷器的绘画样式巧妙地移植到了通透的玉器质地上。

这件作品在目前民间流通的痕都斯坦玉器中，属于精品，目前的市场价格大约在50万。

痕都斯坦水丞

○ 名称：清中期 痕都斯坦水丞
○ 规格：6.5cm×5cm×4.5cm（水丞体）
　　　2.5cm×3.5cm（口径）
○ 估价：40～50万元

这件痕都斯坦水丞来自大洋彼岸的美国佳士得拍卖公司，是2008年春节拍卖会上第一件拍品，起拍价数千美元，竞争激烈至接近3万美元才落锤，再加上25%的佣金，折合人民币当时的汇率约30万。

这是件造型别致风格迥异的文房水丞，造型显得略深。选用的材质是上等的和阗青白玉，质地十分温润，器壁颇厚。表面抛光细腻，器底是一枝罂粟花，枝头上的花蕾含苞欲放。

口沿部分由良落花瓣组成，形状起伏各异，组成了一个卷叶的，大小不同的花环口沿，非常优雅别致，而且一点也没有单调重复的感觉。左右两边花朵修饰各不相同，一面是小叶连着花蕾造型，风绰有致；另一面是一朵平坦盛开的花连着一个有锯齿纹玉片平坦的大叶，给人一种风格鲜明的感觉。

这件水丞不是西域制作的贡玉，应该是苏州专诸巷仿痕都斯坦式玉器的作品，从表面上看，水丞外壁上的

纹饰采用了西域常见的良蒿花，而且光工能将玉质的精光完全打磨出来，其实这种效果并不符合清中期的光工特征，而近似于痕都斯坦玉器的光工风格，这就是这件水丞与痕都斯坦式玉器的相近的地方；这件水丞与痕都斯坦式玉器最大不同在于器壁不像真正的痕玉那样菲薄，后面的那件痕都斯坦"心"形盒，使用的是和阗玉，由于将盒壁处理得几乎透明，在展示工艺能力的同时，也就模糊了和阗玉与岫岩玉在朦胧感、油润度上的特征区别，从而丧失了和阗玉质的最核心的特征，这是痕都斯坦玉器最失败的地方。而苏州专诸巷的仿痕玉器，注意到了这一点，在最大限度保存和阗玉质地特征的基础上，精仿痕玉的造型与纹饰，两全其美。这件水呈展示的重要意义也就在于此。这件玉水丞是由美国旧金山博物馆提供拍卖的，器底仍然标有博物馆收藏的年份及编号，是一件来源非常清楚可靠的罕见藏品，目前市场价格在 40 万～50 万之间。

痕都斯坦 "心" 形盒

○ 名称：清中期 痕都斯坦心形盒
○ 规格：9cm×7cm
○ 估价：40 万元

这件痕都斯坦 "心" 形盒周身满工，纹饰装饰很满，以枝叶的繁缛为主要特征。从内部可以看到外壁的花纹。纹饰雕琢精细，线条流畅，挥洒自如，气派非凡。盖钮被设计成西亚的皇冠形，盒盖上琢有密密麻麻的花卉，以良落花为中心，左右两旁用 10 朵洋兰环绕，中心叠层设计，大的心中有绦纹呈心状围绕。盒身是大敞口，小圆唇，弧腹下收至圈足，圈足较矮，同上呼应也是 "心" 形，内底平坦，隐约可见红皮，抛光后的油脂感强烈。整件器物玲珑精致，光莹可爱，器薄如纸。

这件作品来自英国大古董商 ROGE KEVERNE 的收藏传承有绪，在民间流传的痕都斯坦玉中，是比较精致的作品，显示其宫廷用品的身价。目前的市场价格大约在 40 万元。

○ 清中期 痕都斯坦"心"形盒